KB197323

우리아기
처음성경

우리아기 처음성경 (2판)

지은이 유진 피터슨
그린이 롭 콜리·톰 밴크로프트
옮긴이 조경연
펴낸이 임상진
펴낸곳 (주)넥서스

초판 1쇄 발행 2015년 6월 15일
초판 5쇄 발행 2021년 4월 19일
2판 1쇄 발행 2022년 8월 20일
2판 2쇄 발행 2024년 3월 20일

출판신고 1992년 4월 3일 제311-2002-2호
주소 10880 경기도 파주시 지목로 5
전화 (02)330-5500 팩스 (02)330-5555

ISBN 979-11-6683-327-4 03230

출판사의 허락없이 내용의 일부를
인용하거나 발췌하는 것을 금합니다.

가격은 뒤표지에 있습니다.
잘못 만들어진 책은 구입처에서 바꾸어 드립니다.

www.nexusbook.com

우리아기
처음
성경

유진 피터슨 지음

롭 콜리·톰 밴크로프트 그림

조경연 옮김

넥서스CROSS

사랑하는

_____ 에게

구약

천지창조

이 세상이 맨 처음 생겨날 때였어요. 하나님이 하늘과 땅을 만드셨지요. 처음에 땅은 어둡고 텅 비어 있었어요. 그 어둠 속에서 하나님이 모든 것을 보고 계셨지요.

그때 하나님이 말씀하셨어요.
"빛이여 생겨라!"
그러자 환한 빛이 생겨났어요. 하나님은 그 빛을 '낮'이라 부르셨어요. 반대로 어둠은 '밤'이라 부르셨지요. 저녁이 지나고 아침이 되었어요. 이날이 첫째 날이었어요.

하나님이 말씀하셨어요.

"물은 한가운데를 비우고 둘로 나누어져라!"

하나님은 물 한가운데를 둥그렇게 만들고, 아래의 물과 위의 물로 나누셨어요. 그리고 한가운데를 '하늘'이라고 부르셨지요.

이날이 둘째 날이었어요.

"물은 한곳에 모이고, 뭍이여 드러나라!"

그러자 뭍이 나타났고, 하나님은 뭍을 '땅'이라고 부르셨어요. 이렇게 모인 물은 '바다'라고 부르셨어요.

"땅은 풀과 채소와 과일나무를 자라게 하라!"

그러자 여러 가지의 풀과 채소, 과일나무가 땅에서 쑥쑥 자라났어요. 이날이 셋째 날이었어요.

"하늘에서 빛이 생겨나 낮과 밤을 나누어라. 그리고 땅을 비추어라!"

하나님은 큰 빛을 두 개 만드셨어요.
큰 빛은 낮을 비추고, 그것보다 작
은 빛은 밤을 비추게 하셨어요.
또 반짝반짝 빛나는 별들도 만드
셨어요. 이날이 넷째 날이었어요.

"바다는 물고기와 모든 바다 생물로 가득해져라! 새들은 땅
위의 하늘을 훨훨 날아라!"

하나님은 모든 바다 생물과 하늘의 새를 만드셨어요. 그리고
그 생물들을 축복하며 말씀하셨어요.

"모든 물고기와 하늘의 새들아, 새끼를 많이 낳아 이 땅에 널
리 퍼져라!"

이날이 다섯째 날이었어요.

"땅은 온갖 생물을 내어라!"

그러자 많은 종류의 야생 동물과 가축, 파충류와 벌레가 생
겨났어요. 그리고 하나님이 말씀하셨어요.

"나의 모습을 본떠 사람을 만들어야겠다. 사람은 바다의 물고기와 하늘의 새 그리고 동물과 땅에 있는 모든 생물을 돌보게 될 것이다."

그렇게 하나님은 자신의 모습대로 사람을 만드셨어요. 하나님이 축복하며 말씀하셨어요.

"자녀를 많이 낳아서 온 땅을 가득 채워라! 땅에 있는 모든 생명체를 다스리고 돌보아라. 그리고 내가 모든 식물과 과일나무를 너희의 먹을거리로 주겠다. 하늘과 땅에 있는 생물들은 푸른 풀을 먹고 살 것이다."

그러자 하나님의 말씀대로 되었어요. 이날이 여섯째 날이었어요.

이렇게 하늘과 땅이 만들어졌고, 그 안의 것들도 하나하나씩 채워졌어요. 일곱째 날에 하나님은 모든 일을 끝내고 쉬셨어요. 이때부터 하나님은 일곱째 날을 거룩한 날로 정하고 축복하셨어요.

Creation of Heaven and Earth

GENESIS 1~2

First this: God created the Heavens and Earth – all you see, all you don't see. Earth was a dark soup of nothing, a bottomless emptiness. God's Spirit watched like a bird above the deep, dark water.

God spoke: "Light!"

And light appeared. God saw that light was good. God named the light Day, he named the dark Night. It was evening, and it was morning–Day One.

God spoke: "Sky!"

And there it was: he named sky the Heavens; it was evening, and it was morning–Day Two.

God spoke: "Land, appear!"

And there it was. God named the land Earth. He named the pooled water Ocean. God saw that it was good.

God spoke: "Earth! Grow all varieties of green plants, every sort of fruit tree."

And there it was. God saw that it was good. It was evening, it was morning–Day Three.

God spoke: "Lights! Come out! Shine in Heaven's sky! Separate Day from Night."

And there it was. God made two big lights, the larger to take charge of Day, the smaller to be in charge of Night; and he made the stars. God saw that it was good. It was evening, it was morning–Day Four.

God spoke: "Ocean, fill with fish and all sea life! Birds, fly through the sky over Earth!"

God saw that it was good.

God blessed them: "Fish in the waters—have children! Birds in the sky —have children!"

It was evening, it was morning—Day Five.

God spoke: "Earth! Become alive with every kind of life!"

And there it was: wild animals of every kind, cattle of all kinds, every sort of reptile and bug. God saw that it was good.

God spoke: "Let us make people to reflect our image, so they can take care of the fish in the sea, the birds in the air, the cattle, and, yes, Earth itself."

God created people in his image, reflecting his nature. He created them male and female.

God blessed them: "Have children! Take care of every living thing on the Earth."

Then God said, "I've given you every sort of plant and fruit tree for food. To everything that moves and breathes I give whatever grows out of the ground for food." And there it was. God looked over everything he had made; it was so good, so very good! It was evening, it was morning—Day Six.

Heaven and Earth were finished, down to the last detail. By the seventh day God had finished his work. He rested on the seventh day, he rested from all his work. God blessed the seventh day. He made it a Holy Day because on that day he rested from his work, all the creating God had done.

아담과 하와

하나님은 하늘과 땅을 만드시고 나서 땅에 있는 흙으로 사람을 빚으셨어요. 그 코에 숨을 "후~" 하고 불어넣자, 흙은 살아서 숨 쉬는 사람이 되었지요. 하나님은 동쪽 땅에 있는 '에덴'에 멋진 동산을 꾸미시고, 거기에 아담을 살게 하셨어요. 에덴 동산 안에는 나무가 많이 있었는데, 생명 나무와 선악을 알게 해 주는 나무도 있었어요. 또 동산 안에는 샘도 졸졸 흘러서 동산을 촉촉하게 적셔 주었어요.

하나님은 아담을 에덴동산으로 데리고 가서서 동산을 지키고 돌보게 하셨어요.

"너는 이 동산에 있는 모든 나무의 열매를 마음대로 먹어도 된단다. 하지만 선악을 알게 해주는 나무의 열매는 절대로 먹지 말거라. 그 열매를 먹으면 너는 죽을 것이다."

하나님이 또 말씀하셨어요.

"사람이 혼자 사는 것이 좋지 않으니 너를 도울 사람을 만들어야겠다."

하나님은 모든 동물과 하늘의 새들을 아담에게 데려가셨어요. 그리고 아담이 이름을 지어서 부르면,

타조

돼지

황소

그것이 그들의 이름이 되었어요. 하지만 자기를 도와줄 수 있는 짝이 없어서 외로웠어요.

하나님은 아담을 쿨쿨 잠들게 하시고 그의 갈비뼈 한 개를 꺼내어 여자를 만들어서 아담에게 데려오셨어요.

여자를 본 아담이 말했어요.

"마침내 제게도 짝이 생겼군요! 이 사람을 '하와'라고 부르겠어요. 제 살과 뼈로 만든 사람이니까요."

Adam and Eve

At the time God made Earth and Heaven, God formed Man out of dirt from the ground and blew into his nose the breath of life. The Man became alive, a living soul!

Then God planted a garden in Eden. God made all kinds of trees grow, trees beautiful to look at and good to eat. The Tree-of-Life was in the middle of the garden, also the Tree-of-Knowing-Good-and-Evil. A river flows out of Eden to water the garden and from there divides into four rivers.

God took the Man and set him down in the Garden of Eden to work the ground and keep it in order.

God commanded the Man, " You can eat from any tree in the garden, except from the Tree-of-Knowing-Good-and-Evil. Don't eat from it. The moment you eat from that tree, you're dead."

God said, "It's not good for the Man to be alone; I'll make him a helper, a partner."

So God formed from the dirt of the ground all the animals of the field and all the birds of the air. He brought them to the Man to see what he would name them. Whatever the Man called each living creature, that was its name. The Man named the cattle, named the birds of the air, named the wild animals; but he didn't find a partner.

God put the Man into a deep sleep. As he slept he removed one of his ribs and God then used the rib to make Woman and brought her to the Man.

The Man said, "Finally! My partner! Name her Woman for she was made from my flesh and bones."
That's why a man leaves his father and mother and embraces his wife. They become one flesh. The two of them, the Man and his Wife, were naked, but they did not feel ashamed.

죄와 타락

하나님이 만드신 야생 동물 중에서 뱀이 가장 나빴어요. 어느 날, 뱀이 하와에게 말했어요.

"하나님이 동산에 있는 모든 나무의 과일을 먹지 말라고 하셨다는데, 그게 정말이니?"

"아니야! 동산 한가운데 있는 나무의 과일만 먹지 말라고 하셨어. 그 과일은 먹지도 말고 만지지도 말라고 하셨어. 안 그러면 죽게 될 거라고 하셨어."

그러자 뱀이 하와에게 말했어요.

"아니야! 죽지 않아. 오히려 과일

을 먹으면 좋은 것과 나쁜 것을 모두 알게 되어 하나님처럼 될 걸? 하나님은 그걸 아시고 과일을 못 먹게 하신 거야."

그 말을 들은 하와는 과일을 올려다보며 말했어요.
"저 과일 좀 봐! 정말 먹고 싶게 생겼다! 저걸 먹으면 분명 똑똑하게 될 거야. 한번 먹어봐야겠다."
하와는 과일을 뚝 따서 먹었어요. 아담에게도 주었지요. 그러자 갑자기 두 사람의 눈이 밝아졌어요. 자신들이 벌거벗은 것을 알게 되었지요. 그들은 부끄러워서 무화과나무 잎으로 옷을 만들어 입었어요.

그날 하나님이 동산을 거니시는 소리가 들렸어요. 아담과 하와는 하나님을 피해 동산 나무 뒤로 재빨리 숨었어요. 하나님이 아담을 부르셨어요.
"아담아, 어디 있느냐?"
아담이 대답했어요.
"하나님의 목소리를 들었지만 벌거벗어서 창피해요. 그래서

숨었어요."

"누가 너희에게 벌거벗었다고 했느냐? 내가 먹지 말라고 했던 나무의 과일을 먹었느냐?"

"네, 제 아내가 그 나무의 과일을 주어서 먹어 봤어요."

하나님이 하와에게 물으셨어요.

"도대체 어떻게 된 일이냐?"

"뱀이 저를 속였어요. 그래서 과일을 먹고 말았어요."

하나님은 뱀에게 말씀하셨어요.

"뱀아! 너는 모든 동물 중에 더욱 저주를 받을 것이다. 그리고 평생 배로 기어 다닐 것이다. 너와 여자는 서로 원수가 되고, 너의 자녀와 여자의 자녀도 원수가 될 것이다."

하나님은 하와에게 말씀하셨어요.

"이제 너는 고통 속에서 아기를 낳을 것이다. 너는 남편을 사랑해야 하고 남편은 너를 다스릴 것이다."

그리고 아담에게 말씀하셨어요.

"너는 내가 먹지 말라고 한 나무의 과일을 아내의 말만 듣고 먹었다. 때문에 너는 평생 먹을 것을 얻기 위해 땀을 뻘뻘 흘리며 일해야 한다. 그러다가 흙으로 돌아갈 것이다."

하나님은 아담과 하와에게 가죽옷을 만들어 입혀 주셨어요.

"이제 사람은 나처럼 좋은 것과 나쁜 것을 알게 되었구나! 이제 그런 그들이 생명나무의 과일까지 먹고 영원히 살게 되는 것을 막아야 한다."

하나님은 아담과 하와를 에덴동산에서 쫓아내셨어요. 그리고 땅으로 보내셨지요. 에덴동산은 천사들과 불꽃같은 칼을 두어서 생명나무를 지키게 하셨어요.

Sin and the Fall

GENESIS 3

The serpent was clever, more clever than any wild animal God had made. He spoke to the Woman: "Do I understand that God told you not to eat from any tree in the garden?"

The Woman said to the serpent, "Not at all. It's only the tree in the middle of the garden that God said, 'Don't eat from it; don't even touch it or you'll die.'"

The serpent told the Woman, " You won't die. God knows that the moment you eat from that tree, you'll be just like God, knowing everything from good to evil."

When the Woman saw that the tree looked like good eating and realized she'd know everything, she took and ate the fruit and then gave some to her husband, and he ate.

Immediately the two of them saw themselves naked! They sewed fig leaves together as makeshift clothes for themselves.

When they heard the sound of God strolling in the garden in the evening breeze, the Man and his Wife hid in the trees of the garden, hid from God.

God called to the Man: " Where are you?"

He said, "I heard you in the garden and I was afraid because I was naked. And I hid."

God said, " Who told you you were naked? Did you eat from that tree I told you not to eat from?"

The Man said, " The Woman you gave me as my partner, she gave me fruit from the tree, and, yes, I ate it."

God said to the Woman, " What is this that you've done?"

"The serpent tricked me," she said, "and I ate."

God told the serpent:

"Because you've done this, you're cursed, cursed beyond all cattle and wild animals, cursed to slink on your belly and eat dirt all your life. There'll be trouble between you and the Woman, between your children and hers. He'll wound your head, you'll wound his heel."

He told the Woman:

"Now you'll give birth to your babies in pain. And pleasing your husband will be painful too."

He told the Man:

"Because you listened to your wife and ate from the tree That I commanded you not to eat from, 'Don't eat from this tree,' The very ground is cursed because of you; getting food from the ground will be as painful as having babies is for your wife; you'll be working in pain all your life long.

The ground will sprout thorns and weeds, you'll get your food the hard way, sweating in the fields, until you return to that ground you started from, dead and buried."

The Man, known as Adam, named his wife Eve because she was the

mother of all the living.

God made leather clothing for Adam and his wife and dressed them.

God said, "The Man has become like one of us, capable of knowing everything from good to evil. What if he now should reach out and take fruit from the Tree-of-Life and eat, and live forever? Never-this cannot happen!"

So God threw them out of the Garden of Eden and sent them to work the ground, the same dirt out of which they'd been made. He stationed angel-cherubim and a revolving sword of fire east of the garden, guarding the path to the Tree-of-Life.

노아와 홍수

노아는 이웃 사람들에게 존경받으며 하나님과 동행하는 사람이었어요. 그러나 이 세상은 하나님이 보시기에 매일 나쁜 일만 일어났어요. 사람들이 곳곳에서 나쁜 일만 저질렀거든요.

결국 하나님이 노아에게 말씀하셨어요.

"나쁜 죄가 이 세상에 가득 찼구나! 자, 이제 너는 잣나무로 큰 배를 만들어라. 내

가 땅 위에 홍수를 일으켜서 모든 사람과 생물을 다 없애 버릴 것이다. 그리고 나는 너와 함께 언약을 맺을 것이다. 너는 배에 너와 가족들을 태워라. 모든 생물은 암컷과 수컷 한 쌍씩 데리고 들어가서 함께 살도록 하여라. 또한 필요한 음식을 모아서 너와 배에 태운 생물들을 위해 저장해 두어라."

노아는 하나님이 명령하신 대로 큰 배를 만들었어요. 그러자 하나님이 노아에게 말씀하셨어요.

"너는 이 시대에 의로운 사람이란다. 깨끗한 동물들과 깨끗하지 않은 동물들 그리고 모든 종류의 새를 배에 태워라. 앞으로 7일 뒤부터 40일 동안 밤낮으로 땅에 비가 내릴 것이다."

노아가 600살이었을 때, 그와 그의 가족들은 홍수를 피해 배에 들어갔어요. 하나님이 명령하신 대로 여러 동물과 새들도 배에 올라탔지요.

동물들을 태우거라.

그러자 밤낮으로 주룩주룩 비가 쏟아지기 시작
했어요. 홍수는 40일 동안 계속되었어요. 어느새
높은 산들도 모두 물에 잠겨서 보이지 않았어요.
땅 위에 살던 모든 생물이 다 죽었어요. 오직 배에
타고 있던 노아와 그의 가족들, 동물들만이 살아
남았지요.

시간이 흐르자 하나님은 땅 위에 바람을 불어 물을 점점 줄이고, 하늘을 닫아 비를 그치게 하셨어요.

40일이 지나고 나서야 노아는 배의 창문을 열었어요. 노아는 물이 얼마나 빠졌는지 비둘기를 날려 보냈어요. 하지만 비둘기는 쉴 곳이 없어 배로 돌아왔어요. 그래서 7일을 더 기다렸다가 다시 내보냈더니 그날 저녁, 비둘기는 올리브나무 잎사귀를 물고 돌아왔어요.

노아가 601살 되던 해에 땅이 완전히 말랐어요. 노아는 배의 문을 열어 마른 땅을 보았어요.

하나님이 노아에게 말씀하셨어요.

"노아야, 이제 가족들과 배에 있던 모든 동물과 새도 함께 나

오너라. 그들이 땅에서 살며 새끼를 낳고 번성하게 하여라. 이후로는 내가 다시 물로 생명을 멸하지 않겠다. 나와 세상과의 약속을 기억하는 뜻으로 하늘에 일곱 색깔 무지개를 띄우겠다. 그리고 무지개가 뜰 때면, 내가 이 약속을 기억할 것이다."

The Flood

GENESIS
6~9

This is the story of Noah: Noah was a good man, trusted by his neighbors. Noah walked with God. Noah had three sons: Shem, Ham, and Japheth.

As far as God was concerned, the Earth had become a very bad place; there was violence everywhere.

God said to Noah,

"It's all over. The evil is everywhere. I'm making a clean sweep. Build yourself a ship from teakwood. Make rooms in it. Make it long, and wide, and high. Build a roof for it and put in a window; put in a door on the side; and make three decks, lower, middle, and upper.

I'm going to bring a flood on the Earth that will destroy everything alive under Heaven. But I'm going to create a covenant with you: You'll board the ship, you and your family. Take two of each living creature, a male and a female, so as to save their lives along with yours. Also get all the food you'll need and store it up for you and them."

Noah did everything God commanded him to do.

Next God said to Noah, "Out of everyone alive today, you're different. Take clean animals, unclean animals, and every kind of bird. In just seven days I will dump rain on Earth for forty days and forty nights."

Noah did everything God commanded him.

One day, in the six-hundredth year of Noah's life, the underground springs and the windows of Heaven were thrown open. That's the day Noah and his family boarded the ship. And with them every kind of wild and domestic animal, clean and unclean. They came to Noah and to the ship in pairs. Then God shut the door behind them.

The flood continued forty days and the waters rose and lifted the ship high over the Earth. The flood got worse until all the highest mountains were covered. God wiped out every living creature. Only Noah and his company on the ship lived.

Then God caused the wind to blow and the floodwaters began to go down.

In the seventh month, the ship landed on the Ararat mountains. After forty days Noah opened the window. He sent out a dove, but it couldn't find a place to perch. Noah reached out, caught it, and brought it back into the ship.

He waited seven more days and sent out the dove again. It came back in the evening with a freshly picked olive leaf in its beak. Noah knew that the flood was about finished.

In the six-hundred-first year of Noah's life, the flood had dried up. Noah opened the hatch of the ship and saw dry ground.

God spoke to Noah: "Leave the ship, you and your family. And take all the animals with you so they can have children and live on the Earth. I'm setting up my covenant with you including your children who will come after you, along with everything alive around you. I'm putting my rainbow in the clouds, a sign of the covenant between me and the Earth.

From now on, when I form a cloud over the Earth and the rainbow appears in the cloud, I'll remember my covenant between me and you and everything living, that never again will floodwaters destroy all life."

에서와 야곱

'이삭'은 아브라함과 사라의 아들이에요. 그는 40살에 리브가와 결혼했어요. 그런데 리브가는 아기를 가질 수 없었어요. 그래서 이삭은 아기를 갖게 해 달라고 하나님에게 열심히 기도했어요.

마침내 하나님이 기도에 응답하셔서 리브가는 아기를 갖게 되었어요. 쌍둥이를 임신한 리브가는 뱃속에서 아기들이 싸우는 것을 느꼈어요. 리브가는 걱정이 되어서 하나님에게 물어보았어요.

"하나님, 아기들이 뱃속에서 다투는데 어떡하지요?"

하나님이 리브가에게 말씀하셨어요.

"두 나라가 너의 뱃속에 있구나. 한 아이가 다른 아이보다 힘이 셀 것이고, 형이 동생을 섬길 것이란다."

"응애! 응애!"

리브가는 드디어 쌍둥이를 낳았이요. 첫 번째 아이는 복슬복슬한 담요로 몸을 감싼 것처럼 털이 많고 피부가 붉은색이었어요. 그래서 '붉다'라는 뜻으로 '에서'라고 이름 지었어요. 두 번째로 나온 아이는 에서의 발꿈치를 꽉 잡고 나왔어요. 그래서 '발꿈치'라는 뜻으로 '야곱'이라고 이름 지었어요.

에서와 야곱은 무럭무럭 자랐어요. 에서는 훌륭한 사냥꾼이자 활발한 사람으로 성장했어요. 야곱은 조용한 성격으로 집안에 머무는 것을 더 좋아했지요. 이삭은 에서가 잡아온 들짐승으로 요리하는 것을 좋아했기 때문에 에서를 사랑했어요. 하지만 리브가는 야곱을 더 사랑했어요.

하루는 야곱이 보글보글 죽을 끓이고 있는데, 에서가 사냥하고 배가 고픈 채로 돌아왔어요. 에서가 야곱에게 말했어요.

"그 죽 좀 내게 줘. 배가 고파서 죽을 것 같아!"

야곱이 말했어요.

"그럼 나랑 거래를 하자. 이 팥죽을 줄 테니 맏아들의 권리를 내게 넘겨 줘."

그러자 에서가 대답했어요.

"배고파 죽겠는데 그까짓 맏아들의 권리가 무슨 소용이야?"

"먼저 약속부터 해. 그럼 죽을 줄게."

"알았어! 약속할게."

결국 에서는 큰아들로서의 권리를 야곱에게 주었어요. 대신 야곱은 에서에게 빵과 팥죽을 주었지요. 이처럼 에서는 자신의 권리를 대수롭지 않게 여기고 포기해 버렸어요.

Jacob and Esau

GENESIS 25

This is the family tree of Isaac son of Abraham: Abraham and Sarah had Isaac. Isaac was forty years old when he married Rebekah. She was the sister of Laban the Aramean.

Isaac prayed hard to God for his wife because she could not have children. God answered his prayer and Rebekah became pregnant.

But the children tumbled and kicked inside her so much that she said, "If this is the way it's going to be, why go on living?" She went to God to find out what was going on.

God told her, "Two nations are in your belly, two peoples butting heads while still in your body. One people will overpower the other, and the older will serve the younger."

When her time to give birth came, sure enough, there were twins in her belly. The first came out reddish, as if snugly wrapped in a hairy blanket; they named him Esau(Hairy). His brother followed, his fist clutched tight to Esau's heel; they named him Jacob(Heel). Isaac was sixty years old when they were born.

The boys grew up. Esau became an expert hunter, an outdoorsman.

Jacob was a quiet man preferring life indoors among the tents. Isaac loved Esau because he loved to eat the animals he hunted, but Rebekah loved Jacob.

One day Jacob was cooking a stew. Esau came in from the field, starved. Esau said to Jacob, "Give me some of that red stew.I'm starved!" That's how he came to be called Edom(Red).

Jacob said, "Make me a trade: my stew for your rights as the firstborn."

Esau said, "I'm starving! What good is a birthright if I'm dead?"

Jacob said, "First, promise me." And he did it. With a promise Esau traded away his rights as the firstborn. Jacob gave him bread and the red stew. He ate and drank, got up and left. That's how Esau shrugged off his rights as the firstborn.

꿈꾸는 사람, 요셉

'요셉'은 야곱의 열두 아들 중 하나였어요. 요셉은 열일곱 살이 되자, 양 떼를 돌보는 형들의 일을 도왔어요. 아버지 야곱은 요셉을 가장 사랑해서 요셉에게만 예쁜 색깔의 옷을 입혀 주었지요. 요셉의 형들은 아버지가 요셉을 더 사랑한다는 사실을 알고 요셉을 미워하기 시작했어요.

어느 날 요셉은 꿈을 꾸고 형들에게 꿈 이야기를 했어요.

"형님들! 제가 꿈을 꿨는데요, 우리가 밭에서 곡식 단을 묶고 있었어요. 그때 갑자기 제 곡식단이 똑바로 일어섰어요! 그러니 형들의 곡식단이 제 곡식단을 둘러싸고 절을 했어요."

그 말을 들은 형들이 소리쳤어요.

"뭐야? 그럼 네가 우리의 왕이라도 된다는 거야? 네가 우리를 다스리기라도 한다는 말이야?"

형들은 요셉의 꿈 이야기를 듣고 더더욱 요셉을 미워했어요. 요셉은 또 다른 꿈을 꾸고, 다시 형들에게 꿈 이야기를 했지요.

"형님들, 제가 또 꿈을 꿨는데, 태양과 달과 열한 개의 별이 저에게 절을 했어요!"

이 이야기를 들은 아버지는 요셉을 꾸짖었어요.

"도대체 그게 무슨 소리냐? 너의 어머니와 형들과 내가 정말로 땅에 엎드려 네게 절을 할 것이라고 믿느냐?"

이후로도 형들은 요셉을 더욱 질투하고 미워했어요.

어느 날, 요셉의 형들이 아버지의 양 떼를 몰고 세겜으로 갔을 때였어요. 아버지 야곱은 요셉에게 형들에게 다녀오라고 심부름을 보냈지요.

요셉의 형들은 멀리서 요셉이 오는 걸 보고는 그를 죽이기로 서로 이야기했어요.

"아냐! 우리가 요셉을 죽인 다음 그 사실을 숨긴다고 해서 무슨 좋은 일이 있겠어? 차라리 상인들에게 팔아넘기자."

형제들은 다시 요셉을 팔기로 뜻을 모으고 죽이려고 구덩이에 가둬 놓은 요셉을 은화 20개를 받고 상인에게 팔아버렸지요.

이 사실을 모른 큰형 르우벤은 뒤늦게 요셉을 구하러 구덩이로 돌아왔지만 요셉이 사라진 것을 발견하고는 슬퍼했어요. 르우벤이 형제들에게 돌아가 말했어요.

"얘들아, 요셉이 없어졌어! 어떡하지?"

형제들은 염소 한 마리를 죽여서 그 피를 요셉의 옷에 묻혔어요. 그 피 묻은 옷을 아버지에게 보여 주며 말했어요.

"아버지, 들판에서 이 옷을 찾았어요. 혹시 요셉의 옷이 맞는지 살펴보세요!"

야곱은 요셉의 옷을 한눈에 알아봤어요.

"내 아들 요셉의 옷이 맞구나. 사나운 동물이 요셉을 잡아먹고 말았구나!"

야곱은 아주 오랫동안 아들의 죽음을 슬퍼했어요. 다른 자녀들이 아버지를 위로하려고 했지만, 야곱은 거절했어요.

"흑흑, 나는 죽을 때까지 요셉의 죽음을 슬퍼할 것이다!"

한편, 상인들에게 애굽으로 끌려온 요셉은 다시 보디발에게 팔렸어요. 보디발은 바로 왕의 신하였고, 왕궁의 친위 대장이었어요.

Joseph the Dreamer

GENESIS 37

When Jacob's son Joseph was seventeen years old, he helped out his brothers in herding the animal flocks. Jacob loved Joseph more than any of his other sons, and he made him a fancy coat. When his brothers realized that their father loved him more than them, they grew to hate Joseph–they wouldn't even speak to him.

Joseph had a dream. When he told it to his brothers, they hated him even more. He said, "Listen to this dream I had. We were all out in the field gathering bundles of wheat. All of a sudden my bundle stood straight up and your bundles circled around it and bowed down to mine."

His brothers said, "So! You're going to rule us? You're going to boss us around?" And they hated him more than ever because of his dreams and the way he talked.

He had another dream and told this one also to his brothers: "I dreamed another dream–the sun and moon and eleven stars bowed down to me!"

When he told it to his father and brothers, his father scolded him: " What's with all this dreaming? Am I and your mother and your brothers all supposed to bow down to you?" Now his brothers were

63

really jealous; but his father wondered to himself about the whole business.

Joseph's brothers had gone off to Shechem where they were pasturing their father's flocks. Jacob said to Joseph, " Your brothers are with flocks in Shechem. Come, I want to send you to them."

Joseph said, "I'm ready."

Jacob said, "Go and see how your brothers and the flocks are doing and bring me back a report." He sent him off from the valley of Hebron to Shechem.

The brothers spotted him off in the distance. By the time he got to them they had cooked up a plot to kill him. The brothers were saying, "Here comes that dreamer. Let's kill him and throw him into one of these old wells; we can say that a vicious animal ate him up. We'll see what his dreams amount to."

Reuben, the oldest brother, heard the others talking and stepped in to save Joseph, " We're not going to kill him. No murder. Go ahead and throw him in this well out here in the wild, but don't hurt him." Reuben planned to go back later and get him out and take him back to his father.

When Joseph reached his brothers, they ripped off the fancy coat he was wearing, grabbed him, and threw him into a well. There wasn't any water in the well.

Then the brothers sat down to eat their supper. Looking up, they saw a caravan of traders on their way from Gilead, their camels loaded with spices, ointments, and perfumes to sell in Egypt. Judah said, "Brothers, what are we going to get out of killing our brother and concealing the evidence? Let's sell him to the traders, but let's not kill him.he is, after all, our brother, our own flesh and blood." His brothers agreed.

His brothers pulled Joseph out of the well and sold him for twenty pieces of silver to the traders who took Joseph with them down to Egypt.

Later, Reuben came back and went to the well.no Joseph! He ripped his clothes in despair. Beside himself, he went to his brothers. "The boy's gone! What am I going to do!"

The brothers took Joseph's coat, killed a goat, and dipped the coat in the blood. They took the fancy coat back to their father and said, "We found this. Look it over.do you think this is your son's coat?"

Jacob recognized it at once. "My son's coat-a wild animal has eaten him. My Joseph, torn limb from limb!"

Jacob tore his clothes in grief, dressed in rough burlap, and mourned his son a long, long time. His sons and daughters tried to comfort him, but he refused their comfort. "I'll go to the grave mourning my son." Oh, how his father wept for him.

In Egypt the traders sold Joseph to Potiphar, one of Pharaoh's officials, manager of his household affairs.

요셉과 흉년

가나안 땅에 흉년이 들었어요. 열 명의 요셉 형은 곡식을 사기 위해 애굽으로 내려갔지요. 하지만 야곱은 요셉의 동생 베냐민을 형들과 함께 보내지 않았어요. 베냐민에게 혹시라도 나쁜 일이 일어날까 두려웠기 때문이에요.

요셉은 어느새 쑥쑥 자라 애굽의 총리가 되어 나라를 다스리는 일을 하고 있었어요. 가뭄으로 곡식을 사러 오는 사람들에게 곡식을 팔았는데, 요셉의 형들도 와서 요셉에게 절을 했어요. 요셉은 형들을 알았지만 모르는 체하며 물었어요.

"너희는 어디에서 왔느냐?"

"예, 저희는 가나안에서 먹을 것을 사러 왔습니다."

요셉의 형들은 요셉을 전혀 알아보지 못했어요.

요셉은 문득 형들이 자신에게 절하는 꿈을 꾼 것이 생각났어요. 그래서 형들에게 말했어요.

"너희는 첩자가 분명하구나!"

"그렇지 않습니다. 저희는 그저 곡식을 사러 왔을 뿐입니다."

"아니다. 너희는 우리나라를 엿보러 온 게 분명하다!"

"아닙니다. 저희는 한 아버지 밑에서 자란 열두 형제입니다. 막내는 아버지와 함께 가나안에 있고, 한 명은 잃어버렸습니다."

"그렇다면 그 말을 증명해 보거라. 너희 중 한 명이 가서 막내를 데리고 오너라. 그때까지 너희는 애굽 땅을 떠날 수 없다."

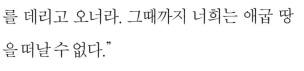

그런 뒤에 요셉은 형들을 3일 동안 감옥에 가두었어요. 3일째 되던 날, 요셉이 형들에게 가서 말했어요.

"나는 하나님을 섬기고 두려워하는 사

람이다. 나의 말을 따르면 너희를 살려주마. 너희의 말이 사실
이라면, 한 명만 감옥에 남고 나머지 형제들은 곡식을 가지고
돌아가서 굶주린 가족에게 주어라. 그리고 나에게 막냇동생을

데리고 다시 오면, 아무도 목숨을 잃지 않을 것이다."

형들은 요셉의 말대로 하겠다고 약속했어요.

요셉은 시므온을 감옥에 남겨 두고 나머지 형들을 집으로 보냈어요. 요셉의 형들은 요셉이 챙겨 준 곡식 자루를 당나귀에 싣고 길을 떠났어요. 그날 밤, 요셉의 형들 중 한 명이 자루를 열어 보고 깜짝 놀라 말했어요.

"이것 봐! 곡식을 사려던 돈이 자루에 그대로 있어!"

그들은 매우 놀랍고 두려운 마음이 들었어요.

"하나님의 뜻은 무엇일까?"

요셉의 형들은 아버지가 있는 가나안 땅으로 돌아와서 그동안 일어난 일을 야곱에게 이야기했어요. 야곱이 아들들에게 말했어요.

"나는 요셉도 잃었고, 시므온도 잃었다. 이제는 베냐민마저 데려가려고 하는구나. 베냐민까지 보낼 수 없다."

하지만 가나안의 흉년은 계속되었고, 이제는 애굽에서 가져온 곡식도 떨어졌어요. 야곱이 아들들에게 다시 말했어요.

"애굽으로 다시 가서 곡식을 사오렴."

그러자 유다가 말했어요.

"베냐민을 보내실 준비가 되셨다면 가겠어요. 하지만 베냐민을 보내실 수 없다면 저희들도 가지 않겠어요."

"그렇다면 이렇게 하여라. 자루에 선물을 챙겨 가고, 지난번 자루에 들어 있었던 돈을 두 배로 그에게 갚아라. 위대하신 하나님이 그 사람 앞에서 은혜를 베푸실 것이다."

요셉의 형들은 선물을 준비하고, 지난번에 돌려받은 것보다 두 배 많은 돈을 챙겼어요. 막내인 베냐민도 데리고 떠났어요. 그들은 애굽에 도착해 다시 요셉 앞에 섰어요. 요셉은 형들이 베냐민을 데리고 온 것을 보고 신하에게 말했어요.

감옥

"이 사람들을 나의 집
으로 데리고 가거라. 음식을 대접
하고 편안하게 모시거라."
　하지만 요셉의 형들은 두렵고 걱정
이 되어서 생각했어요.
　'지난번에 우리가 돈을 훔쳐 도망갔다고 생각하면 어쩌지?'
　요셉의 형들은 신하에게 말했어요.

"우리는 곡식을 사러 이곳에 온 적이 있어요. 집으로 돌아가는 길에 자루를 열어 보니 돈이 그대로 들어 있었지요. 그래서 그 돈을 돌려 드리려고 다시 가져왔어요."

"걱정하지 마세요. 당신의 하나님과 당신 아버지의 하나님이 여러분을 축복하셨어요."

신하는 요셉의 형들에게 시므온을 데려다 주었어요.

요셉이 집에 오자, 그의 형들은 준비한 선물을 내놓았어요. 요셉은 그들을 반기며 말했어요.

"저번에 말한 너희의 아버지는 어떠신가? 살아 계신가?"

"네. 저희 아버지는 건강하게 살아 계십니다."

요셉은 동생 베냐민을 보자 울음을 터뜨렸지요. 눈물을 닦고 요셉이 말했어요.

"이제 음식을 먹읍시다."

형들은 요셉과 함께 풍성하게 차려진 음식을 맛있게 먹었어요.

Joseph and the Famine (part 1)

GENESIS
42-43

The land of Canaan was hit hard by famine. Ten of Joseph's brothers went down to Egypt to get food, but Jacob didn't send Benjamin with them; he was afraid that something bad might happen to him.

Joseph was running the country, giving out food to all the people. When Joseph's brothers arrived, he said, " Where do you come from?"

"From Canaan," they said. " We've come to buy food."

Joseph knew who they were, but they didn't know who he was.

Joseph, remembering the dreams he had dreamed of them, said, " You're spies."

"No, we've only come to buy food."

He said, "No. You're spies."

They said, "There were twelve of us brothers–sons of the same father in the country of Canaan. The youngest is with our father, and one is no more."

But Joseph said, "This is how I'll test you. You're not going to leave this place until your younger brother comes here."

Then he threw them into jail for three days.

On the third day, Joseph spoke to them. "Do this and you'll live. I'm a God-fearing man. If you're as honest as you say you are, one of your brothers will stay here in jail while the rest of you take the food back to your hungry families. Bring your youngest brother back to me and not one of you will die." They agreed.

Joseph took Simeon and made a prisoner of him.

Then Joseph ordered that their sacks be filled with grain, that their money be put back in each sack, and that they be given food for the road. That was all done for them.

They loaded their food supplies on their donkeys and set off.

That night, one of them opened his sack. He called out to his brothers, "My money has been returned!"

They were puzzled–and frightened. " What's God doing to us?"

When they got back to their father Jacob, back in the land of Canaan, they told him everything that had happened.

As they were emptying their food sacks, each man found his purse of money. Their father said to them, "Joseph's gone, Simeon's gone, and now you want to take Benjamin. My son will not go. He is all I have left."

The famine got worse. Their father said, "Go back and get some more food."

But Judah said, "If you're ready to release Benjamin, we'll go. But if you're not, we aren't going."

Their father Israel gave in. "But do this: stuff your packs with gifts. And pay back double what was returned to your sacks. And may The Strong God give you grace in that man's eyes."

The men took the gifts, double the money, and Benjamin. When Joseph saw that they had Benjamin with them, he told his servant, "Take these men; make them feel at home."

But they became anxious, thinking, "He thinks we ran off with the money."

So they went up to Joseph's servant and said, "We came down here one other time to buy food. On our way home, we opened our bags and found our money. We've brought it all back. We have no idea who put the money in our bags."

The servant said, "Don't worry. Your God and the God of your father has blessed you." And he presented Simeon to them.

When Joseph got home, they presented him with the gifts.

Joseph welcomed them and said, "And your old father whom you mentioned to me, how is he? Is he still alive?"

They said, "Yes–your servant our father is quite well, very much alive."

Then Joseph picked out his brother Benjamin. Deeply moved on seeing his brother, Joseph hurried out into another room and cried. Then he washed his face, and said, "Let's eat."

And so the brothers feasted with Joseph.

가족을 애굽으로 이끈 요셉

요셉이 신하에게 명령을 내렸어요.

"이 사람들의 자루를 곡식으로 채우고, 곡식 값으로 받은 돈도 다시 자루에 넣어라. 그리고 베냐민의 자루 속에는 나의 은잔을 몰래 넣어 두어라."

형제들이 성을 빠져나갔을 때, 요셉이 신하에게 말했어요.

"어서 그 사람들을 뒤쫓아 가라. 그들을 따라잡은 뒤, '왜 우리 물건을 훔쳐 갔습니까? 이 은잔은 우리 주인님이 쓰시는 물건입니다!'라고 말하여라."

신하는 요셉의 형들을 뒤쫓아 갔어요. 그리고 요셉이 알려

준 대로 말했지요. 놀란 형들이 말했어요.

"저희는 절대로 그런 짓을 저지르지 않았습니다!"

요셉의 신하가 큰형부터 막냇동생 베냐민의 자루까지 샅샅이 뒤지자 은잔이 베냐민의 자루에서 나오는 것이 아니겠어요? 형들은 무척 괴로워하며 다시 성으로 끌려왔어요.

형들이 돌아왔을 때, 요셉은 아직 집에 있었어요. 형들은 요셉 앞에 엎드렸어요. 그러자 요셉이 형들에게 물었어요.

"어떻게 이런 짓을 할 수 있는가?"

유다가 말했어요.

"저희가 무슨 말씀을 드릴 수 있겠습니까? 저희는 은잔을 훔치지 않았습니다. 그러나 저희가 은잔을 훔쳤다고 생각하시면, 저희 모두가 죄인입니다. 저희 모두를 노예로 삼으십시오."

그러자 요셉이 말했어요.

"그렇게 할 수는 없다. 은잔을 가져간 사람만 이곳에 남아 나의 종이 될 것이다. 다른 사람들은 이스라엘로 돌아가거라."

유다가 앞으로 나와 말했어요.

"늙으신 아버지는 그 누구보다도 막내를 사랑하세요. 그런데 지난번 당신은 저희에게 막내를 데리고 오지 않으면 형제 모두가 가나안에 돌아갈 수 없다고 이야기했습니다. 저희는 아버지에게 돌아가서 모든 일을 말씀드렸습니다."

유다가 계속해서 이야기했어요.

"얼마 후에 아버지가 곡식을 더 사 오라고 하셨습니다. 그래서 저희는 막냇동생을 데리고 가지 않으면 곡식을 살 수 없다고 말씀드렸지요. 그러자 아버지는 저희에게 말씀하셨어요. '만약 막내에게 나쁜 일이 생긴다면, 너희는 늙은 나를 죽음으로 몰아낸 꼴이 될 것이다.'라고요. 만약 저희가 아버지에게 막내를 데리고 가지 않으면, 아버지는 돌아가실지도 모릅니다. 그러니 제가 당신의 종으로 이곳에 머물게 해주십시오. 막내는 다른 형들과 함께 돌아가게 해 주세요."

요셉은 형들 앞에서 눈물을 흘리며 말했어요.

"형님들, 제가 요셉이에요. 아버지는 정말 살아 계신가요?"

요셉의 형들은 너무 놀라서 아무 말도 못했어요.

"이리 가까이 오세요. 제가 바로 형들이 상인에게 팔아넘긴 요셉이에요. 미안해하지 마세요. 저를 팔았다고 마음 아파하지도 마세요. 모든 것은 하나님의 뜻이었어요. 가나안 땅에는 2년 동안 흉년이 있었고, 또 앞으로 5년 동안 계속될 거예요. 그래서 하나님은 형님들의 목숨을 구하기 위해 저를 먼저 애

굽으로 보내신 거예요. 그러니 저를 이곳으로 보내신 분은 형님들이 아닌 바로 하나님이세요. 서둘러 아버지에게 돌아가서 말씀드리세요. '아버지의 아들 요셉이 이렇게 말했어요. 하나님이 애굽 전체를 다스리는 자로 만드셨어요. 최대한 빨리 이곳으로 오세요. 나와 가까운 곳에서 지내실 수 있도록 고센에 살 집을 마련해 드릴게요. 고센에서 아버지를 하나부터 열까지 다 보살펴 드릴게요.'라고요."

요셉은 동생 베냐민과 끌어안으며 울었어요. 요셉은 모든 형에게 입을 맞추고 함께 울었어요.

요셉의 형들은 아버지 야곱이 있는 가나안으로 돌아가서 이 기쁜 소식을 전했어요.

"아버지! 요셉이 아직 살아 있어요. 애굽 전체를 다스리는 사람이 되었어요!"

야곱은 그 말이 믿기지 않아 어리둥절했어요. 그러나 형들이 이야기보따리를 풀어놓을수록 그것이 사실이라는 것을 깨달았지요. 슬픔에 잠겨 있던 야곱은 정신이 들기 시작했어요. 야곱이 말했어요.

"내 아들 요셉이 아직 살아 있다니! 내가 죽기 전에 어서 가서
요셉을 만나야겠다."

Joseph and the Famine (part 2)

GENESIS
44~45

Joseph ordered his servant: "Fill the men's bags with food and replace each one's money. Then put my chalice, my silver chalice, in the top of the bag of the youngest."

They were barely out of the city when Joseph said to his servant, "Run after them. When you catch up with them, say, 'Why did you steal from me? This is the chalice my master drinks from!'"

He caught up with them and repeated all this word for word.

They said, " We would never do anything like that!"

The servant searched their bags, going from oldest to youngest. The chalice showed up in Benjamin's bag. They ripped their clothes in sadness and went back to the city.

Joseph was still at home when his brothers got back. They threw themselves down on the ground in front of him.

Joseph accused them: "How can you have done this?"

Judah said, "What can we say, master? We're all as guilty as the one with the chalice."

"I'd never do that to you," said Joseph. "Only the one will be my slave. The rest of you are free to go back to your father."

Judah came forward. He said, " You asked us, 'Do you have a father and a brother?' And we answered honestly, ' We have a father who is old and a younger brother. His brother is dead and he is the only son left from that mother. And his father loves him more than anything.'"

"Then you told us, 'Bring him down here so I can see him or you won't be allowed to see me.'"

"When we returned to our father, we told him everything. So when our father said, 'Go back and buy some more food,' we told him, ' We can't; not without our youngest brother.' "

"Your servant, my father, told us, 'If you now go and take this one and something bad happens to him, you'll put my old gray, grieving head in the grave for sure.'"

"And now, can't you see that if I show up without the boy, this son he loves, he'll die on the spot? So let me stay here as your slave. Let the boy go back with his brothers. Oh, don't make me go back and watch my father die in grief!"

Joseph couldn't stand it any longer. He cried out to his brothers: "I am Joseph. Is my father really still alive?" But his brothers were speechless. "Come closer to me. I am Joseph your brother whom you sold into Egypt. But don't feel badly, don't blame yourselves for selling me. God was behind it. There has been a famine in the land now for two years; the famine will continue for five more years. God sent me on ahead to save your lives. So you see, it wasn't you who sent me here but God. Hurry back to my father. Tell him, 'Your son Joseph says: I'm master of all of Egypt. Come as fast as you can. I'll give you a place to live in Goshen where you'll be close to me. I'll take care of you there completely.'"

Then Joseph threw himself on his brother Benjamin's neck and wept, and Benjamin wept on his neck. He then kissed all his brothers and wept over them.

Joseph's brothers left Egypt and went back to their father Jacob in Canaan. When they told him, "Joseph is still alive–and he's the ruler over the whole land of Egypt!" he couldn't believe his ears. But the more they talked, the blood started to flow again–their father Jacob's spirit revived. Israel said, "I've heard enough–my son Joseph is still alive. I've got to go and see him before I die."

물에서 건져 낸 모세

요셉과 요셉의 형들은 나이가 들어 모두 세상을 떠났어요. 그러나 요셉의 후손들은 자녀를 많이 낳아 그 수가 크게 늘었어요. 그때에 요셉을 모르는 새로운 왕, 바로가 애굽을 다스리게 되었어요. 그는 사람들에게 경고했어요.

"애굽에 이스라엘 사람이 너무 많다. 그들을 다스릴 방법을 생각해 봐야 한다. 전쟁이 일어나면 이스라엘 사람들은 모두 적과 힘을 합해 우리와 싸울지도 모른다."

그래서 애굽 사람들은 이스라엘 사람들에게 힘든 일을 시

키기 시작했어요. 바로 왕을 위한 성을 만들게 했지요. 하지만 이스라엘 사람들의 자손은 늘어만 가서 애굽 사람들은 걱정이 되었어요. 그래서 더욱 힘들고 고된 일을 시키며 이스라엘 사람들을 괴롭혔어요.

바로 왕은 아기 낳는 것을 도와주는 이스라엘 산파 두 명을 불러서 이야기했어요.

"이스라엘 여인이 아기를 낳을 때 잘 살펴보아라. 그래서 아들이면 죽이고, 딸이면 살려 두어라."

그러나 산파들은 하나님을 믿기 때문에 왕의 명령을 따르지 않았어요. 바로 왕이 산파들을 다시 불러서 말했어요.

"왜 나의 명령을 듣지 않고 남자 아기들을 살려 두었느냐?"

"이스라엘 여자들은 아주 튼튼해서 저희가 도착하기도 전에 아기들을 낳아 버리는걸요."

하나님은 이런 말을 하는 산파들을 보고 기뻐하셨어요. 그래서 그들에게도 많은 자손을 주셨어요. 하지만 바로 왕은 모든 백성에게 명령했어요.

"이스라엘 사람 가운데 남자 아기는 태어나면 모두 나일 강에 던져라. 그러나 여자 아기는 살려 두어도 좋다."

그러던 어느 날, 이스라엘 집안에서 아들을 낳았어요. 바로 왕의 명령대로 아기를 죽여야 했지요. 하지만 아기 엄마는 자신의 아기가 특별하다는 것을 알고 3개월 동안 꼭꼭 숨겨 두었어요. 그런데 더 이상 숨길 수 없게 되자, 아기 엄마는 작은 바구니를 만들어 아기를 눕혔어요. 그 바구니를 나일 강에 둥둥 띄워 떠내려 보냈지요.

그때 마침 바로 왕의 딸이 나일 강에 목욕을 하러 왔다가 바구니 속에 담긴 아기를 발견하고 말했어요.

"어머, 잘생겼다! 이스라엘 사람의 아기인가 보구나!"

이를 몰래 지켜보고 있던 아기의 누나가 뛰어나갔어요.

"공주님, 혹시 이 아기에게 젖을 먹일 이스라엘 유모가 필요하신가요?"

"그래, 필요하단다."

소녀는 돌아가서 아기의 어머니를 불러왔어요. 바로 왕의 딸이 아기의 어머니에게 말했어요.

"이 아기를 데리고 가서 젖을 먹여 주어라. 내가 돈을 줄 테니 말이야."

이후로 바로 왕의 딸은 이 아기를 자신의 아들로 삼았어요. 공주는 아기에게 '물에서 건지다'라는 뜻으로 '모세'라는 이름을 지어 주었어요.

Moses is Born

EXODUS
1~2

Joseph died, and all his brothers. But the children of Israel kept on having children.

A new king came to power in Egypt who didn't know Joseph. He warned his people, "There are way too many of these Israelites. Let's devise a plan to contain them, because if there's a war they might join our enemies, or just walk off and leave us."

So they put them to work. They built cities for Pharaoh. But the harder the Egyptians worked them the more children the Israelites had– children everywhere! The Egyptians got so they couldn't stand the Israelites and treated them worse than ever.

The king of Egypt had a talk with the two Hebrew midwives. He said, " When the Hebrew women deliver a boy, kill him; if it's a girl, let her live."

But the midwives respected God and didn't do what the king of Egypt ordered. The king of Egypt called in the midwives. " Why didn't you obey my orders? "

The midwives answered Pharaoh, "The Hebrew women have their babies before the midwife can get there."

God was pleased with the midwives. And God gave them families of their own.

So Pharaoh commanded all his people: "Every boy that is born, drown him in the Nile. But let the girls live."

A man from the family of Levi married a Levite woman. The woman had a son. She saw there was something special about him and hid him for three months. When she couldn't hide him any longer, she got a little basket-boat, placed the child in it, and set it afloat in the reeds at the edge of the Nile.

The baby's older sister watched from a distance to see what would happen to him. Pharaoh's daughter came down to the Nile to bathe. She saw the basket-boat, opened it, and saw the child–a baby crying! She said, "This must be one of the Hebrew babies."

Then his sister ran up: "Do you want me to get a nursing mother from the Hebrews for you?"

Pharaoh's daughter said, "Yes." The girl went and called the child's mother.

Pharaoh's daughter told her, "Take this baby and nurse him for me. I'll pay you."

After the child was weaned, she presented him to Pharaoh's daughter who adopted him as her son. She named him Moses(which means Pulled-Out) saying, "I pulled him out of the water."

떨기나무

세월이 흘러 어른이 된 모세는 어느 날, 양 떼를 몰
고 하나님의 산인 호렙 산에 가게 되었지요.
그때 하나님의 천사가 떨기나무의 불꽃
속에서 나타났어요. 떨기나
무에 불이 활활 붙었지만, 전
혀 타지 않았지요. 모세
가 말했어요.
"이상하다. 떨기나무
에 불이 붙었는데, 왜
타지 않을까?"

모세는 가까이 가서 떨기나무를 보려고 했어요. 그러자 하나님이 떨기나무 사이에서 모세를 부르셨지요.

"모세야! 모세야!"

"네, 저 여기 있어요!"

"가까이 오지 말고, 선 곳에서 너의 신발을 벗어라. 너는 지금 거룩한 땅에 서 있다."

모세는 하나님을 바라보는 것이 무서워서 얼굴을 가렸어요. 하나님이 말씀하셨어요.

"나는 네 조상의 하나님이다. 아브라함의 하나님, 이삭의 하나님, 야곱의 하나님이다. 나는 애굽에서 울부짖는 내 백성의 소리를 들었단다. 이제 내가 이스라엘 백성을 애굽에서 데리고 나와 넓고 좋은 땅으로 인도하겠다. 내가 너를 바로에게 보내어 이스라엘 백성을 애굽에서 나오게 할 것이다."

모세가 하나님에게 대답했어요.

"제가 어떻게 그런 일을 할 수 있나요?"

"내가 너와 함께할 것이다."

그러자 모세가 하나님에게 물었어요.

"제가 이스라엘 사람들에게 가서 '우리 조상의 하나님이 나를 보내셨다.'라고 말하면 그들은 '그 하나님의 이름이 무엇이냐?'라고 물을 거예요."

"이스라엘 백성에게 '스스로 있는 자'가 너를 보냈다고 말하여라. 이제 이스라엘의 장로들을 모아 내가 너에게 말한 것을 모두 전하여라. 그들과 함께 바로 왕에게 가서 '우리가 들판에서 3일 동안 하나님에게 예배드릴 수 있게 해주십시오.'라고 말하라. 그러면 내가 기적을 보여 주겠다."

"사람들이 저를 믿지 않을 거예요."

그러자 하나님은 지팡이가 뱀이 되는 기적, 손에 피부병이 생겼다 깨끗하게 낫는 기적을 보여 주셨어요.

하지만 모세는 다시 한 번 하나님의 말씀에 반대했어요.

"하나님, 저는 할 수 없어요. 저는 말을 잘 할 줄도 모르고 더듬거린다고요."

"누가 사람의 입을 만들었느냐? 바로 나 여호와가 만들지 아니하였더냐?"

101

"너에게는 네 형 아론이 있지 않느냐! 아론은 말을 아주 잘하니, 그에게 도움을 청하여라. 너희가 해야 할 일을 내가 가르쳐 줄 것이다."

그래서 모세는 애굽으로 돌아가게 되었어요.

Moses and the Burning Bush

EXODUS
3~4

Moses was shepherding and came to the mountain of God, Horeb. The angel of God appeared to him in flames of fire blazing out of the middle of a bush. The bush was blazing away but it didn't burn up.

Moses said, "What's going on here? Why doesn't the bush burn up?"

God called to him from out of the bush, "Moses! Moses!"

He said, "Yes? I'm right here!"

God said, "Remove your sandals from your feet. You're standing on holy ground."

Then he said, "I am the God of your father: The God of Abraham, the God of Isaac, the God of Jacob."

God said, "I've heard the cries of my people in Egypt. And now I have come to get them and bring them to a good land. I've seen for myself how cruelly they're being treated by the Egyptians. I'm sending you to Pharaoh to bring my people, the People of Israel, out of Egypt."

Moses answered God, "What makes you think that I could ever lead the children of Israel out of Egypt?"

"I'll be with you," God said.

Then Moses said to God, "Suppose I go to the People of Israel and I tell them, 'The God of your fathers sent me to you'; and they ask me, 'What is his name?'"

God said to Moses, "I-AM-WHO-I-AM. Tell the People of Israel, 'I-AM sent me to you.'

"Now gather the leaders of Israel. Tell them everything I've told you.

"Then you and the leaders of Israel will go to the king of Egypt and say to him: 'Let us take a three-day journey into the wilderness where we will worship God–our God.' The king of Egypt won't let you go easily, so I'll step in with my miracles."

Moses objected, "They won't trust me. They won't listen to a word I say."

So God said, " What's that in your hand?"

"A staff."

"Throw it on the ground." He threw it. It became a snake!

God said to Moses, "Reach out and grab it by the tail."

He reached out and grabbed it–and he was holding his staff again.

God then said, "Put your hand inside your shirt." He slipped his hand under his shirt, then took it out. The skin of his hand had turned sick.

He said, "Put your hand back under your shirt." He did it, then took it back out–as healthy as before.

"If they aren't convinced by the first and second sign, take some water out of the Nile and pour it out on the dry land; the Nile water will turn to blood when it hits the ground."

Moses raised another objection to God: "Master, please, I don't talk well. I stutter."

God said, "And who do you think made the human mouth? Isn't it I, God? I'll be right there to teach you what to say."

He said, "Oh, Master, please! Send somebody else!"

God got angry with Moses: "Don't you have a brother, Aaron the Levite? He speaks very well. You'll speak to him and tell him what to say. I'll be right there with you both, teaching you step by step. Now take this staff in your hand; you'll use it to do the signs."

So Moses returned to Egypt.

전염병

하나님이 모세와 아론에게 말씀하셨어요.

"내가 애굽 땅을 기적으로 가득 채울 것이다. 그러나 바로는 너희의 말을 듣지 않을 것이다. 그에게 나의 기적을 보여라."

모세와 아론은 바로 왕에게 가서 하나님이 시키신 대로 했어요. 그러자 지팡이가 순식간에 길쭉한 뱀으로 변했어요. 바로 왕도 자신의 마술사들을 불렀어요. 마술사들도 지팡이를 뱀으로 변하게 했지요. 그때 갑자기 아론의 지팡이가 마술사들의 뱀을 꿀꺽 삼켜 버렸어요. 바로 왕은 이것을 보고도 고집을 부리며 이스라엘 사람들을 보내 주지 않았어요.

모세가 다시 하나님의 말씀대로 지팡이를 들어 나일 강의 물을 쳤어요. 그러자 나일 강 전체가 피로 바뀌었어요. 그런데 애굽의 마술사들도 똑같이 물을 피로 변하게 할 수 있었어요. 그래서 바로 왕은 여전히 마음을 바꾸지 않았지요.

모세가 또 나일 강 위로 지팡이를 뻗었어요. 그러자 개구리 떼가 나타나 애굽 전체를 뒤덮었어요. 그런데 이번에도 마술사들이 똑같은 일을 해내고 말았어요. 바로 왕은 여전히 모세

와 아론의 말을 들으려고
하지 않았지요.

　하나님이 모세에게
말씀하셨어요.
　"네 지팡이로 땅의
먼지를 치면, 먼지가
이가 되어 애굽 전체에
퍼질 것이다."
　모세가 하나님이
말씀하신 대로 하자, 땅의 모든 먼지가 이로 변해 온 애굽 땅에
퍼졌어요. 그래도 바로 왕은 계속 고집을 부렸어요.

　하나님은 계속해서 모세를 통해 애굽 땅을 '윙윙'거리는 파리
떼로 가득 채우고, 가축들에게 끔찍한 질병을 내렸어요. 하지만
이스라엘 사람들이 기르는 가축은 모두 무사했어요.
　그래도 바로 왕은 여전히 마음을 바꾸지 않자 하나님이 모세
와 아론에게 아궁이의 재를 뿌려 애굽 땅을 덮어 사람들과 동

물들에게 종기가 나게 하고, 우박 폭풍으로 애굽을 치셨어요.

그러나 이러한 하나님의 기적을 보고도 바로 왕은 마음을 바꾸지 않고 계속 죄를 지었어요. 이스라엘 사람들을 끝까지 풀어 주지 않았지요.

모세와 아론이 바로 왕에게 가서 말했어요.

"언제까지 하나님의 백성을 붙들고 있을 것입니까? 하나님이 경고하셨습니다. 내일 메뚜기 떼가 이 나라에 올 것입니다. 우박의 해를 입지 않고, 남은 모든 것을 메뚜기 떼가 다 먹어버릴 것입니다. 밭에 있는 어린 나무까지 모두 피해를 입을 것입니다!"

다음 날, 전에도 없었고 앞으로도 다시 없을 엄청난 메뚜기 떼가 애굽을 공격했어요. 그러나 바로 왕은 여전히 이스라엘 사람들을 풀어 주지 않았어요.

하나님이 모세에게 말씀하셨어요.

"하늘을 향해 네 손을 뻗어라. 애굽 땅에 짙은 어둠이 찾아올

것이다."

　그러자 애굽의 땅에 3일 동안 캄캄한 어둠이 찾아왔어요. 오직 이스라엘 사람들이 사는 곳에만 빛이 있었어요. 그러나 하나님의 말씀에도 바로 왕은 고집을 꺾지 않았어요. 여전히 이스라엘 사람들을 풀어 주지 않았지요.

The Plagues

EXODUS
7~10

God told Moses, "I am going to fill Egypt with miracles, but Pharaoh is not going to listen to you. "Take your staff and throw it down in front of Pharaoh: It will turn into a snake."

Moses and Aaron did what God commanded, and the staff turned into a snake.

Pharaoh called in his magicians, who did the same thing. But then Aaron's staff swallowed their staffs.

Yet Pharaoh wouldn't listen to them.

God said to Moses: "Go say to Pharaoh, 'God, the God of the Hebrews, says– Release my people so that they can worship me in the wilderness– I am going to take this staff that I'm holding and strike this Nile River water: The water will turn to blood.'"

Aaron raised his staff and hit the water in the Nile; all the water in the Nile turned into blood.

But the magicians of Egypt did the same thing. Still Pharaoh remained stubborn.

God said to Moses, "Go to Pharaoh and tell him, 'If you refuse to release my people, I'm warning you, I'll hit the whole country with frogs–the Nile will swarm with frogs–they'll come up into your houses, into your bedrooms, and into your beds!'"

Aaron stretched his staff over the waters of Egypt and a mob of frogs came up and covered the country.

But again the magicians did the same thing.

Pharaoh still wouldn't listen to Moses and Aaron. Just as God had said.

God said to Moses, "Tell Aaron, 'Take your staff and strike the dust. The dust will turn into gnats all over Egypt.'"

All the dust of the Earth turned into gnats, gnats everywhere in Egypt. The magicians tried to produce gnats, but this time they couldn't do it.

God said to Moses, "Tell Pharaoh, 'If you don't release my people, I'll release swarms of flies on you.'"

And God did just that. All over Egypt, the country was ruined by flies. But Pharaoh once again wouldn't release the people.

God said to Moses, "Tell Pharaoh, 'If you refuse to release my people, God will strike your farm animals with a severe disease.'"

And the next day God did it. All the farm animals of Egypt died, but not one animal of the Israelites died. But Pharaoh stayed stubborn. He wouldn't release the people.

God said to Moses and Aaron, "Take fistfuls of soot from a furnace and throw it into the air right before Pharaoh's eyes; it will become fine dust all over Egypt and cause sores on people and animals throughout Egypt." So they took soot from a furnace and threw it up into the air. It caused sores on people and animals.

Pharaoh still wouldn't listen.

God said to Moses, "Tell Pharaoh, 'This time I am going to strike you with a terrific hailstorm.'"

Moses lifted his staff to the skies and God sent peals of thunder and hail shot through with lightning strikes. God rained hail down on the land of Egypt. Except for Goshen where the Israelites lived; there was no hail in Goshen. But when Pharaoh saw that the rain and hail and thunder had stopped, he kept right on sinning, stubborn as ever. He refused to release the Israelites.

Moses and Aaron went to Pharaoh and said to him, "God, the God of the Hebrews, says, 'How long are you going to refuse to release my people? Watch out; tomorrow I'm bringing locusts into your country. They'll devour everything left over from the hailstorm, even the saplings out in the fields.'"

Moses stretched out his staff over the land of Egypt.

There never was an invasion of locusts like it in the past, and never will be again. But Pharaoh still didn't release the Israelites.

God said to Moses: "Stretch your hand to the skies. Let darkness descend on the land of Egypt."

Moses stretched out his hand to the skies. Thick darkness descended on the land of Egypt for three days. Nobody could see anybody. Except for the Israelites: they had light where they were living.

But God kept Pharaoh stubborn as ever. He wouldn't agree to release them.

열 번째 재앙

모세는 바로 왕에게 가서 말했어요.

"하나님이 오늘 밤에 애굽 땅을 다니며 왕의 첫째 아들부터 처음 태어난 모든 아들 그리고 동물을 다 죽일 것이라고 말씀하셨습니다. 이 일이 벌어지고 나면 왕과 왕의 모든 신하가 우리에게 떠나 달라고 애원할 것입니다. 그럼 저는 우리 백성을 데리고 떠날 것입니다!"

그리고 하나님이 모세와 아론에게 말씀하셨어요.

"모든 이스라엘 사람에게 집집마다 일 년 된 숫양을 잡아서 그 피를 대문의 기둥 양쪽과 문 위쪽에 조금 바르게 하고, 고기는 먹도록 하여라. 그리고 누룩을 넣지 않고 만든 빵과 쓴 나물을 곁들여 먹어라. 오늘 밤 나는 애굽 땅을 돌며 모든 처음 태어난 것을 다 죽일 것이다. 양의 피는 나의 백성이 사는 곳을 알려 주는 표시이다. 피가 발라져 있는 것을 보면 그 집은 그냥 지나

갈 것이다. 이는 기억해야 할 유월절이다. 내가 너희를 애굽 땅
에서 데리고 나온 것을 기념하는 날이 될 것이다."

　모세가 이스라엘의 모든 지도자를 불러 하나님의 말씀을 전
했어요. 그리고 그들에게 당부했어요.

　"혹시 아이들이 '왜 이런 일을 하나요?'라고 물으면, 하나님
이 애굽을 멸하실 때 이스라엘 사람 집은 지나가신 걸 기억하

120

는 것이라고 말해 주세요. 우리를 구
해 주신 그날을 기념하는 것이 바로
‘유월절’이라고 대답해 주십시오.”

The First Passover

EXODUS
11~12

God said to Moses: "I'm going to hit Pharaoh and Egypt one final time, and then he'll let you go."

Then Moses spoke to Pharaoh: "God's Message: 'At midnight I will go through Egypt and every firstborn child in Egypt will die. Also the firstborn of animals.' Then all these servants of yours will beg me to leave, 'Leave! You and all the people who follow you!' And I will most certainly leave."

God said to Moses and Aaron, "Tell all the people of Israel that each man is to take a lamb for his family. Your lamb must be a healthy male, one year old. Then kill it and take some of the blood and smear it on the two doorposts and the frame above the door of the houses in which you will eat it. You are to eat the meat, roasted in the fire, along with bread, made without yeast, and bitter herbs. Eat in a hurry; it's the Passover to God."

"I will go through the land of Egypt on this night and strike down every firstborn in the land of Egypt. I am God. The blood will serve as a sign on the houses where you live. When I see the blood I will pass over you. This will be a day to remember; you will celebrate it as a festival to God down through the generations. This marks the exact day I brought you out in force from the land of Egypt."

Moses assembled all the leaders of Israel. He said, "Select a lamb for your families and kill the Passover lamb. Smear the blood on the frame and on the two doorposts. No one is to leave the house until morning. God will pass through to strike Egypt down. When he sees the blood on the frame and the two doorposts, God will pass over the doorway.

"When you enter the land which God will give you as he promised, keep doing this. And when your children say to you, ' Why are we doing this?' tell them: 'It's the Passover-sacrifice to God who passed over the homes of the Israelites in Egypt when he hit Egypt with death but rescued us.'"

The people bowed and worshiped.

홍해를 둘로 가른 모세

하나님이 이스라엘 사람들을 이끌고 가는 모세에게 말씀하셨어요.

"이스라엘 백성에게 가던 길을 멈추고 홍해 주변에 자리를 잡게 하라. 바로가 너희를 보내 준 것을 후회하고 너희를 곧 뒤쫓아 올 것이다. 내가 바로와 그의 군대를 물리쳐 나의 영광을 나타낼 것이다. 그러면 애굽 사람들도 내가 진정한 하나님임을 깨닫게 될 것이다."

　바로 왕은 이스라엘 사람들이 애굽을 떠났다는 말을 듣고 모든 군대를 이끌고 무서운 속도로 이스라엘 사람들을 쫓아갔어요. 결국 홍해 주변에 자리 잡은 이스라엘 사람들을 따라잡았지요.
　"애굽 사람들이다! 그들이 오고 있어! 주여, 이제 우리는 어찌해야 합니까!"
　이스라엘 사람들은 벌벌 떨며 하나님께 부르짖었어요.

　모세가 사람들에게 말했어요.
　"여러분, 두려워하지 말고 용기를 가지세요! 오늘 하나님이 우리를 구원하기 위해 하시는 일을 지켜보아요. 하나님이 우리를 위해 싸우실 거예요."
　하나님이 모세에게 말씀하셨어요.
　"네 지팡이를 높게 들고 바다를 향해 한 손을 뻗어라. 바다가 둘로 갈라질 것이다. 애굽 사람들이 쫓아오고 있는 동안 너희

들은 마른 땅을 밟으며 바다를 지나게 될 것이다."

모세가 바다를 향해 손을 쭉 뻗자 바다가 둘로 갈라지면서 바다 밑의 마른 땅이 드러났어요! 이스라엘 사람들은 갈라진 바다를 지나갔어요. 하지만 애굽 사람들이 바짝 쫓아오고 있었어요. 그때 하나님이 애굽 사람들을 내려다보시고 전차의 바퀴를 움직이지 못하게 했어요. 당황한 애굽 군인들이 소리쳤어요.

"이스라엘 사람들을 쫓지 말고 도망가
자! 하나님이 그들의 편에 서서 싸우신
다!"

하나님이 모세에게 말씀하셨어요.

"다시 한 번 네 손을 바다를 향해 뻗어
라. 바닷물이 애굽 군사들과 전차를 모
두 덮어 버릴 것이다."

모세가 홍해를 향해 손을 뻗었어요.
그러자 바닷물이 점점 깊어지더니 바
로 왕의 군대를 덮어 버렸어요. 모두 바
다에 빠져 한 사람도 살아남지 못했지
요. 하나님은 애굽 사람들로부터 이스
라엘 사람들을 구원하셨어요. 이스라
엘 사람들은 하나님이 행하신 큰 능력
을 보고 하나님을 두려워하며, 하나님
과 하나님의 종인 모세를 믿었어요.

Moses Parts the Red Sea

EXODUS 14

God spoke to Moses: "Tell the Israelites to turn around and camp on the shore of the sea. Then I'll make Pharaoh's heart stubborn again and he'll chase after them. And I'll use Pharaoh and his army to put my Glory on display. Then the Egyptians will realize that I am God."

And that's what happened.

When the king of Egypt was toldthat the people were gone, he and his servants changed their minds. They said, " What have we done, letting Israel, our slave labor, go free?" So he had his chariots harnessed up and got his army together.

The Egyptians gave chase and caught up with them where they had made camp by the sea.

As Pharaoh approached, the Israelites looked up and saw them— Egyptians! Coming at them! They were totally afraid. They cried out in terror to God.

Moses spoke to the people: "Don't be afraid. Stand firm and watch God do his work of salvation for you today. God will fight the battle for you."

God said to Moses: "Hold your staff high and stretch your hand out over the sea: Split the sea! The Israelites will walk through the sea on dry ground. Meanwhile I'll make sure the Egyptians keep up their stubborn chase."

Then Moses stretched out his hand over the sea and God, with a terrific east wind all night long, made the sea go back. He made the sea dry ground. The seawaters split.

The Israelites walked through the sea on dry ground with the waters a wall to the right and to the left. The Egyptians came after them in full pursuit, every horse and chariot and driver of Pharaoh racing into the middle of the sea. God looked down on the Egyptian army and threw them into a panic. He clogged the wheels of their chariots; they were stuck in the mud.

The Egyptians said, "Run from Israel! God is fighting on their side and against Egypt!"

God said to Moses, "Stretch out your hand over the sea and the waters will come back over the Egyptians, over their chariots, over their horsemen."

Moses stretched his hand out over the sea: As the day broke and the Egyptians were running, the sea returned to its place as before. Not one of them survived.

God delivered Israel that day from the Egyptians. The people were speechless before God and trusted in God and his servant Moses.

십계명

이스라엘 사람들은 애굽을 떠난 지 3개월 만에 시내 광야에 도착했어요. 그리고 시내산 맞은편 광야에서 천막을 쳤어요.

모세는 하나님을 만나기 위해 산으로 올라갔어요. 하나님이 산에서 모세를 불러 말씀하셨어요.

"이스라엘 사람들에게 '너희는 내가 애굽 사람들에게 한 일을 보았다. 내가 너희를 어떻게 나에게로 데려왔는지도 보았다. 내가 하는 말에 순종하고 나와의 약속을 지키면, 너희는 모든 사람 가운데 가장 귀한 나의 보물이 될 것이다.'라고 말하여라."

모세는 천막으로 돌아와서 하나님이 모세에게 하신 말씀을 전했어요. 사람들은 모두 고개를 끄덕이며 한 목소리로 대답했어요.

"하나님이 말씀하신 모든 것을 지키겠습니다."

모세는 사람들의 답변을 하나님에게 전했어요.

하나님이 모세에게 말씀하셨어요.

"가서 사람들을 준비시켜라. 셋째 날에 내가 사람들이 보는 가운데 시내산으로 내려갈 것이다. 그러면 사람들이 너의 이야기에 귀 기울이고, 내가 너에게 하는 말을 완전히 믿을 것이다. 모든 사람에게 절대로 산으로 올라오지 말라고 경고하라."

모세는 사람들이 깨끗한 모습으로 하나님과의 만남을 준비
하도록 했어요. 드디어 셋째 날 아침이 되었어요.

"우르릉 쾅쾅!"

큰 천둥소리가 나며 번개가 번쩍였어요. 두터운 구름이 산을
빽빽하게 뒤덮었지요. 엄청나게 큰 나팔소리가 울려 퍼지자,
천막에 있던 모든 사람이 두려워서 덜덜 떨었어요.

모세는 사람들이 하나님을 만날 수 있도록 천막 밖으로 이끌었어요. 사람들은 산기슭에 모였지요. 하나님이 불 가운데 내려오셨기 때문에 시내산은 온통 연기로 가득했어요. 하나님은 시내산 꼭대기에서 모습을 보이셨어요. 그곳으로 모세를 부르시자 모세가 올라갔어요. 그리고 내려와서 하나님이 하신 모든 말을 전했지요. 이것이 바로 오늘날의 십계명이에요.

1. 너희는 나 외에는 다른 신들을 두지 마라.
2. 너희는 우상을 만들지 마라. 하늘에 나는 것이나 땅 위에 걷는 것이나 물속에 헤엄치는 그 어떤 것의 모양도 만들지 마라. 나는 질투가 심한 하나님이다.
3. 너희들의 하나님인 나의 이름을 함부로 부르지 마라. 나의 이름은 성스러운 것이다.
4. 안식일을 기억하여 거룩한 날로 지켜라. 6일 동안에는 힘써 일을 하라. 그러나 7일째 되는 날은 안식일로 지켜 아무 일도 하지 마라. 내가 6일 동안 하늘과 땅, 바다 그리고 그 안에 있는 모든 것을 창조하고, 7일째 되는

날 쉬었기 때문이다.

5. 너희 아버지와 어머니를 잘 섬겨라. 그러면 내가 너희
에게 준 땅에서 너희를 오래 살게 할 것이다.

6. 살인하지 마라.

7. 간음하지 마라.

8. 도둑질하지 마라.

9. 이웃에 대하여 거짓말하지 마라.

10. 이웃의 집이나 이웃에 속한 모든 것을 욕심내지 마라.

모든 사람이 천둥과 번개, 커다란 나팔소리에 놀랐어요. 산
에서 모락모락 솟아나는 연기도 보았지요. 무서운 마음에 벌
벌 떨며 멀리서 지켜보았어요.

모세가 사람들에게 말했어요.

"너무 무서워하지 마세요. 하나님은 우리에게 하나님을 두
려워하는 마음을 주셔서 죄를 짓지 않게 하시려고 오신 것입
니다."

Sinai and the Ten Commandments

EXODUS
19~20

Three months after leaving Egypt the Israelites entered the Wilderness of Sinai. Israel camped there facing the mountain.

As Moses went up to meet God, God called down to him from the mountain: "Tell the People of Israel: 'You have seen what I did to Egypt and how I carried you on eagles' wings and brought you to me. If you will listen obediently to what I say and keep my covenant, out of all peoples you'll be my special treasure.'"

Moses came back and gave them all these words which God had commanded him. The people all agreed: "Everything God says, we will do." Moses took the people's answer back to God.

God said to Moses, "Get ready. I'm about to come to you in a thick cloud so that the people can listen in and trust you completely when I speak with you. Post warnings for the people all around, telling them, 'Warning! Don't climb the mountain. Whoever touches the mountain dies.'"

Then Moses prepared the people for the holy meeting. On the third day at daybreak, there were loud claps of thunder, flashes of lightning, a thick cloud covering the mountain, and an ear-piercing trumpet blast. Everyone in the camp shuddered in fear.

Moses led the people out of the camp to meet God. They stood at attention at the base of the mountain.

Mount Sinai was all smoke because God had come down on it as fire. God descended to the peak of Mount Sinai. God called Moses up to the peak and Moses climbed up. So Moses went down to the people. He said to them: God spoke all these words: I am God, your God, who brought you out of the land of Egypt, out of a life of slavery.

No other gods, only me.

No carved gods of any size, shape, or form of anything whatever, whether of things that fly or walk or swim. I am God, your God, and I'm a most jealous God. No using the name of God, your God, in curses or silly talk; God's name is holy.

Work six days and do everything you need to do. But the seventh day is a Sabbath to God, your God. Don't do any work. For in six days God made Heaven, Earth, and Sea, and everything in them; he rested on the seventh day. Honor your father and mother so that you'll live a long time in the land that God, your God, is giving you.

No murder.

No adultery.

No stealing.

No lies about your neighbor.

No dreaming about your neighbor's house–or anything that is your neighbor's.

All the people, experiencing the thunder and lightning, the trumpet blast and the smoking mountain, were afraid.

Moses spoke to the people: "Don't be afraid. God has come to plant a deep respect within you so that you won't sin."

무너진 여리고 성

여리고 성 사람들은 이스라엘 사람들을 두려워했어요. 그래서 그들이 들어오지 못하게 성문을 철통같이 굳게 닫았어요.

하나님이 여호수아에게 말씀하셨어요.

"나는 이미 여리고 성은 물론 왕과 그의 군인들까지 너희 이스라엘 민족에게 넘겨주었다. 그러니 이렇게 해보거라. 모든 군대는 매일 성 주위를 한 바퀴씩 돌아라. 6일 동안 반복해야 한다. 제사장 일곱 명은 일곱 나팔을 들고 언약궤 앞에서 나아가게 하여라. 7일째 되는 날에는 성을 일곱 바퀴 돌아라. 제사장들이 나팔을 한 번 길게 불면 모든 사람은 있는 힘을 다해 큰

소리로 외쳐라. 그러면 여리고 성벽이 무너질 것이다.”

　눈의 아들 여호수아는 이스라엘 사람들에게 명령했어요.
“이제 시작합시다! 다 함께 성을 돌아야 합니다. 황금으로 만
든 언약궤를 앞세워 행군합시다.”
　여호수아와 사람들은 매일 여리고 성 둘레를 한 바퀴 돌게
했어요. 사람들은 이 일을 6일 동안 반복했어요. 7일째 되는 날

사람들은 똑같은 방법으로 성 주변을 돌았어요. 그런데 이번에는 일곱 바퀴를 돌았어요. 성을 일곱 번 돈 것은 그날뿐이었지요. 성을 일곱 바퀴째 돌 때, 제사장들이 나팔을 불었어요. 여호수아는 사람들에게 신호를 보냈어요.

"크게 외치십시오! 하나님이 여리고 성을 우리에게 주셨습니다!"

사람들은 나팔소리를 듣고 천둥처럼 크게 소리를 질렀어요.

그러자 여리고 성벽이 와르르 무너졌어요. 사람들은 곧장 성 안으로 쳐들어가 여리고 성을 차지했지요. 이처럼 하나님은 여호수아와 함께하셨어요.

The Battle of Jericho

JOSHUA 6

Jericho was shut up tight as a drum because of the People of Israel: no one going in, no one coming out.

God spoke to Joshua, "I've already given Jericho to you, along with its king and its soldiers. Here's what you are to do: March around the city, all your soldiers. Circle the city once. Repeat this for six days. Have seven priests carry seven ram's horn trumpets in front of the Ark. On the seventh day march around the city seven times, the priests blowing away on the trumpets. And then, a long blast on the ram's horn—when you hear that, all the people are to shout at the top of their lungs. The city wall will collapse at once."

So Joshua son of Nun called the priests and told them, "Take up the Ark of the Covenant. Seven priests are to carry seven ram's horn trumpets leading God's Ark."

Then he told the people, "Set out! March around the city. Have the armed guard march before the Ark of God."

He sent the Ark of God on its way around the city. It circled once, came back to camp, and stayed for the night.

On the second day they again circled the city once and returned to camp. They did this six days.

When the seventh day came, they got up early and marched around the city this same way but seven times – yes, this day they circled the city seven times. On the seventh time around, the priests blew the trumpets and Joshua signaled the people, "Shout! – God has given you the city!" The priests blew the trumpets.

When the people heard the blast of the trumpets, they gave a thunderclap shout. The wall fell at once. The people rushed straight into the city and took it.

God was with Joshua. He became famous all over the land.

하나님의 음성을 듣는 사무엘

소년 사무엘은 대제사장 엘리의 지도를 받으며 성전에서 하나님께 봉사하고 있었어요. 엘리는 나이가 많아 눈이 점점 어두워져 잘 보지 못했어요. 어느 날 밤, 엘리가 방에서 자고 있었어요. 사무엘은 하나님의 성전에서 잠을 자고 있었지요.

그때 사무엘을 부르는 소리가 들렸어요.
"사무엘아, 사무엘아!"
"저 여기 있어요."
사무엘은 엘리에게 달려가 말했어요.
"저를 부르셨지요?"

그러자 엘리가 말했어요.

"나는 너를 부르지 않았단다. 다시 돌아가 자렴."

그래서 사무엘은 잠을 자러 돌아갔어요.

그런데 다시 한 번 사무엘을 부르는 소리가 들렸어요.

"사무엘아, 사무엘아!"

사무엘은 일어나서 엘리에게 갔어요.

"부르심을 듣고 다시 왔어요."

"나는 너를 부르지 않았단다. 다시 돌아가 자렴."

사무엘은 다시 자기 자리로 돌아갔어요.

세 번째 사무엘을 부르는 소리가 들렸어요.

"사무엘아, 사무엘아!"

이번에도 사무엘은 일어나서 엘리에게 갔어요.

"저를 부르셨지요? 분명히 부르심을 들었어요."

그때서야 엘리는 하나님이 사무엘을 부르고 계시다는 것을
깨달았어요. 그래서 엘리는 사무엘에게 알려 주었지요.

"가서 자렴. 그리고 목소리가 다시 들리거든 이렇게 대답하거라. '말씀하세요, 하나님! 저는 하나님의 말씀을 들을 준비가 된 주님의 종입니다.'라고 말이다."

그래서 사무엘은 다시 자기 자리로 돌아갔어요.

하나님이 사무엘을 찾아와서 전과 똑같이 부르셨어요.

"사무엘아, 사무엘아!"

"말씀하세요. 저는 하나님의 말씀을 들을 준비가 된 주님의 종입니다."

이처럼 사무엘은 하나님의 말씀을 들으며 자랐어요. 하나님은 언제나 사무엘과 함께하셨어요. 사무엘에게 말한 것은 다 이루어 주셨지요. 그래서 모든 이스라엘 사람은 사무엘이 하나님의 음성을 듣는 진정한 선지자라는 것을 알게 되었어요.

Samuel Hears God Speak

1 SAMUEL 3

The boy Samuel was serving God in the temple under Eli's direction. This was at a time when God was rarely heard or seen. One night Eli was sound asleep. Samuel was still in bed in the Temple of God, where the Ark of God rested.

Then God called out, "Samuel, Samuel!"

Samuel answered, "Yes? I'm here." Then he ran to Eli saying, "I heard you call. Here I am."

Eli said, "I didn't call you. Go back to bed." And so he did.

God called again, "Samuel, Samuel!"

Samuel got up and went to Eli, "I heard you call. Here I am."

Again Eli said, "Son, I didn't call you. Go back to bed."

God called again, "Samuel!"–the third time! Yet again Samuel got up and went to Eli, " Yes? I heard you call me. Here I am."

That's when it dawned on Eli that God was calling the boy. So Eli directed Samuel, "Go back and lie down. If the voice calls again, say, 'Speak, God. I'm your servant, ready to listen.'" Samuel returned to his bed.

Then God came and stood before him exactly as before, calling out, "Samuel! Samuel!"

Samuel answered, "Speak. I'm your servant, ready to listen."

Samuel grew up. God was with him, and Samuel always spoke God's words. Everyone in Israel recognized that Samuel was the real thing–a true prophet of God.

다윗과 골리앗

사울 왕과 이스라엘 사람들은 블레셋 사람들과 맞서 싸우기 위해 군대를 배치했어요. 블레셋 사람들은 언덕에 진을 치고 있었어요. 이스라엘 사람들은 그 반대편 언덕에 있었지요.

블레셋 군대 제일 앞에는 키가 엄청 큰 골리앗이 서 있었어요. 골리앗은 머리에 투구를 쓰고, 몸에는 갑옷을 입고, 손에는 아주 굵고 긴 창을 들고 있었어요.

골리앗은 이스라엘 군대를 향해 소리를 질렀어요.

"으하하하! 나는 이스라엘 최고의 군인 한 명과 싸우겠다. 만약 그가 싸움에서 이겨 나를 죽이면, 블레셋 사람들은 너희의 노예가 될 것이다. 그러나 만약 내가 이기고 그가 죽는다면, 이스라엘 사람들은 블레셋의 노예가 되어야 한다. 나와 싸울 군인을 보내라!"

사울 왕과 이스라엘 군대는 골리앗의 말을 듣자 겁에 질려 벌벌 떨었어요.

한편, 다윗은 유대 베들레헴에 사는 이새의 막내아들이었어요. 다윗의 세 명의 형은 사울 왕과 함께 싸움터에 있었어요. 다윗은 베들레헴에서 아버지의 양 떼를 지키고 있었지요.

어느 날, 아버지가 다윗에게 말했어요.

"네 형들이 잘 싸우고 있는지 한번 보고 오렴. 모두 잘 있다는 증거를 내게 가지고 오면 좋겠구나."

다윗은 전쟁이 한창인 이스라엘 군대의 요새에 도착했어요. 블레셋의 영웅인 골리앗이 블레셋 군대 맨 앞에 서 있었어요. 다윗도 골리앗이 하는 말을 들었어요. 그리고 사울 왕에게 가서 말했어요.

"왕이시여, 희망을 버리지 마세요. 제가 골리앗과 싸우겠어요!"

사울이 다윗에게 말했어요.

"너는 저 블레셋 사람과 싸우러 나갈 수 없어. 너무 어리고 경험도 없잖니!"

"저는 아버지의 양 떼를 지키는 양치기예요. 사자나 곰이 나타나 양을 잡아가면 제가 재빨리 뒤쫓아 가서 사자와 곰을 때려눕히고서 양을 구했어요. 저 거인 골리앗에게도 똑같이 할 수 있어요. 저들은 살아 계신 하나님의 군대를 놀리고 있잖아요. 사자의 이빨과 곰의 발톱에서 저를 보호해 주신 하나님이 골리앗의 손에서도 저를 구해 주실 거예요."

다윗의 말을 들은 사울 왕이 말했어요.

"그래! 가거라. 여호와가 너를 도우시길 바란다!"

사울 왕은 다윗에게 군인이 입는 갑옷을 내주었어요. 하지만 갑옷이 너무 크고 무거워서 움직이는 것조차 힘들었어요. 그래서 다윗이 사울 왕에게 말했어요.

"저는 갑옷을 입지 않겠어요. 무거워서 움직일 수가 없어요."

다윗은 갑옷을 다 벗어 버리고 손에 막대기를 들었어요. 그

리고 시냇가에서 매끄러운 돌 다섯 개를 주워 양치기 도구 주머니에 넣었어요. 그리고 골리앗에게로 다가갔어요. 그 모습을 본 골리앗이 비웃으며 말했어요.

"어서 오렴, 꼬마야! 오늘 내가 너를 독수리에게 먹이로 주겠다. 들쥐에게도 맛있는 식사가 되겠지?"

그러자 다윗이 맞받아쳤어요.

"너는 창과 방패를 가지고 나에게 오지만, 나는 이스라엘 군대를 지켜 주시는 하나님의 이름으로 너를 공격할 것이다! 너는 하나님의 군대를 놀렸어. 바로 오늘! 하나님이 너를 나에게 넘겨 주셔서 내가 너를 죽일 것이다. 그래서 온 세상이 이스라엘 하나님의 능력을 알게 될 거야. 하나님은 창과 방패로 사람을 구하지 않으신다는 것을 여기에 모인 모든 사람이 알게 될 것이다. 전쟁은 하나님의 뜻에 달려 있어. 하나님이 너를 이기도록 도와주실 거야!"

이 말은 골리앗을 화나게 만들었어요. 골리앗은 성큼성큼 다윗에게 다가오기 시작했어요. 다윗은 이스라엘 군대에서 벗어나 골리앗 쪽으로 뛰어나갔어요. 그러고는 주머니에서

돌을 한 개 꺼내 힘껏 던졌어요. 돌은 골리앗의 이마를 향해 높이 날아갔어요. '딱' 하는 소리와 함께 골리앗의 이마에 푹 박혔지요.

"으악!"

'쿵' 하는 소리와 함께 골리앗이 땅에 코를 박고 쓰러졌어요. 다윗은 재빨리 골리앗에게 달려가 그를 밟고 올라섰어요. 그리고 골리앗의 칼집에서 칼을 꺼냈지요. 블레셋 군인들은 자신들의 영웅인 거인 골리앗이 죽은 것을 보고는 모두 도망쳤어요.

David and Goliath

1 SAMUEL 17

King Saul and the Israelites spread out their troops ready for battle against the Philistines. The Philistines were on one hill, the Israelites on the opposing hill, with the valley between them.

A giant nearly ten feet tall stepped out from the Philistine line into the open, Goliath from Gath. He had a bronze helmet on his head and was dressed in armor–126 pounds of it! He wore bronze shin guards and carried a bronze sword. His spear was like a fence rail–the spear tip alone weighed over fifteen pounds.

Goliath stood there and called out to the Israelite troops, " Why bother using your whole army? Pick your best fighter and pit him against me. If he gets the upper hand and kills me, the Philistines will all become your slaves. But if I get the upper hand and kill him, you'll all become our slaves and serve us. I challenge the troops of Israel this day. Give me a man. Let us fight it out together!"

When Saul and his troops heard the Philistine's challenge, they were terrified and lost all hope.

Now David was the youngest son of Jesse from Bethlehem in Judah. While his three older brothers went to war with Saul, David went back and forth from attending to Saul to tending his father's sheep in

Bethlehem.

One day, Jesse told David his son, "Check in on your brothers to see whether they are getting along all right, and let me know how they're doing."

David arrived at the camp just as the army was moving into battle formation, shouting the war cry. The Philistine champion, Goliath of Gath, stepped out from the front lines of the Philistines, and gave his usual challenge. David heard him.

"Master," said David to King Saul, "Don't give up hope. I'm ready to go and fight this Philistine."

Saul answered David, " You can't go and fight this Philistine. You're too young and inexperienced."

David said, "I've been a shepherd, tending sheep for my father. Whenever a lion or bear came and took a lamb from the flock, I'd go after it, knock it down, and rescue the lamb. And I'll do the same to this Philistine pig who is taunting the troops of God-Alive. God, who delivered me from the teeth of the lion and the claws of the bear, will deliver me from this Philistine."

Saul said, "Go. And God help you!"

Then Saul outfitted David as a soldier in armor. He put his bronze helmet on his head and belted his sword on him over the armor. David tried to walk but he could hardly budge.

David told Saul, "I can't even move with all this stuff on me. I'm not used to this." And he took it all off.

Then David took his shepherd's staff, selected five smooth stones from the brook, and put them in the pocket of his shepherd's pack, and with his sling in his hand approached Goliath.

"Come on," said the Philistine. "I'll make roadkill of you for the buzzards. I'll turn you into a tasty morsel for the field mice."

David answered, " You come at me with sword and spear and battle-ax. I come at you in the name of God-of-the-Angel-Armies, the God of Israel's troops, whom you curse and mock. This very day God is handing you over to me. The whole earth will know that there's an

extraordinary God in Israel. And everyone gathered here will learn that God doesn't save by means of sword or spear. The battle belongs to God–he's handing you to us on a platter!"

That angered the Philistine, and he started toward David. David took off from the front line, running toward the Philistine. David reached into his pocket for a stone, slung it, and hit the Philistine hard in the forehead, embedding the stone deeply. The Philistine crashed, facedown in the dirt.

Then David ran up to the Philistine and stood over him, pulled the giant's sword from its sheath. When the Philistines saw that their great champion was dead, they scattered, running for their lives.

다윗과 요나단

    사울 왕의 아들인 요나단은 다윗을 가장 잘 이해하고 믿어 주는 친구였어요. 요나단은 다윗과 함께 서로의 우정과 믿음이 영원하길 약속했어요. 그 약속의 증거로 자신의 왕자 옷과 갑옷, 칼, 활, 허리띠를 다윗에게 주었어요.

    사울 왕과 다윗이 블레셋과의 전쟁에서 많은 사람을 물리치고 고향으로 돌아올 때였어요. 이스라엘 여인들이 노래하고 춤을 추며 환영했지요.

"사울 왕은 천 명을 죽였지만, 다윗은 만 명을 물리쳤다네!"

    이 노래는 사울 왕을 아주 많이 화나게 했어요. 그날부터 사

울 왕은 다윗을 질투하면서 한편으로는 점점 두려운 생각이 들었어요.

'하나님이 나를 떠나 다윗과 함께하심이 분명해!'

다윗은 전쟁에 나가 싸울 때마다 승리했어요. 하나님이 다윗과 함께하셨기 때문이에요. 사울 왕도 이것을 깨닫고, 결국 다윗을 향한 두려움은 미움으로 자리 잡았어요. 평생 다윗의 원수가 되었지요.

다윗은 사울 왕의 아들인 요나단을 찾아가 말했어요.

"내가 뭘 잘못했기에 너의 아버지가 나를 미워하실까? 하나님의 살아 계심과 네 생명을 두고 맹세하는데, 네 아버지가 나를 죽이실 게 분명해."

이 말을 들은 요나단이 말했어요.

"네가 무슨 생각을 하고 있는지 말해 줘. 너를 위해 할 수 있는 일을 찾아볼게."

"내일 초하루에 나는 왕과 함께 저녁을 먹기로 되어 있어. 하지만 나는 들판에 숨을 거야. 너희 아버지가 나를 찾으시면 '다

윗은 베들레헴에 가서 가족들과 예배를 드리고 싶어 해요.'라
고 말해 줘. 만약 그때 왕께서 괜찮다고 하시면 나는 무사할 거
야. 하지만 화를 내시면 나를 죽일 마음을 갖고 계신 게 분명해.
나에게 죄가 있다면, 차라리 네가 와서 나를 죽여 줘."

"그건 안 돼! 그런 일은 절대로 없을 거야! 우리 아버지가 너
를 죽이려고 하는 게 확실하다면, 곧바로 네게 말해 줄게."

요나단은 다윗을 자신의 생명보다도 더욱 소중히 여겼어요.

초승달이 뜨자 왕이 식사를 하기 위해 식탁에 앉았어요. 다윗의 자리는 비어 있었어요.

"이새의 아들 다윗은 어디 있느냐? 어제도 오늘도 보이지 않는구나."

요나단이 말했어요.

"다윗이 저에게 특별히 베들레헴에 가게 해 달라고 부탁했어요."

사울 왕은 요나단에게 큰 소리로 화를 냈어요.

"네가 다윗의 편인 줄 내가 모를 줄 아느냐? 당장 가서 다윗을 데리고 와라. 다윗을 이곳으로 데리고 오란 말이다! 지금 이 순간부터 다윗은 죽은 목숨이다!"

요나단이 아버지의 말씀에 반대했어요.

"다윗이 왜 죽어야 하나요? 다윗이 도대체 무슨 잘못을 했나요?"

화가 난 사울 왕은 요나단을 향해 창을 던졌어요. 이 일로 인해 요나단은 아버지가 다윗을 죽이기로 결심했다는 것을 확실히 알게 되었지요.

다음 날 아침이 되었어요. 요나단은 다윗과 약속한 대로 들판에 나갔어요. 다윗은 요나단에게 세 번 절한 후에 입을 맞추고 함께 울었어요. 그리고 다윗에게 말했어요.

"편히 가렴! 우리 둘은 하나님의 이름으로 영원히 친구야!"

David and Jonathan

1 SAMUEL
18~20

Jonathan became totally committed to David, his number-one advocate and friend. Jonathan, out of his deep love for David, made a covenant with him. He celebrated it with important gifts: his own royal robe and weapons.armor, sword, bow, and belt. Whatever King Saul gave David to do, he did it.and did it well. Everybody approved of and admired David's leadership. As they returned home, after David had killed the Philistine, the women poured out of all the villages of Israel singing and dancing, Saul kills by the thousand, David by the ten thousand!

This made Saul angry–very angry. He took it as a personal insult. From that moment on, Saul kept his eye on David. Now Saul feared David. It was clear that God was with David and had left Saul. Everything David did turned out well. Yes, God was with him. As Saul more and more realized that God was with David, his fear of David increased and settled into hate. Saul hated David.

David went to Jonathan. "What have I done to your father that makes him so determined to kill me? It's true–as sure as God lives, and as sure as you're alive before me right now–he's determined to kill me."

Jonathan said, "Tell me what you have in mind. I'll do anything for you."

David said, "Tomorrow I'm scheduled to eat dinner with the king.

Instead, I'll go hide in the field. If your father misses me, say, 'David asked if he could run down to Bethlehem and worship with his family.' If he says, 'Good!' then I'm safe. But if he gets angry, you'll know for sure that he's made up his mind to kill me. If I'm in the wrong, go ahead and kill me yourself."

"Never!" exclaimed Jonathan. "I'd never do that! If I get the slightest hint that my father wants to kill you, I'll tell you." Jonathan repeated his pledge of love and friendship for David. He loved David more than his own soul! On the holiday of the New Moon, the king came to the table to eat. He sat where he always sat, but David's seat was empty. After day two, David's seat was still empty. Saul asked Jonathan his son, "So where's that son of Jesse? He hasn't eaten with us either yesterday or today." Jonathan said, "David asked my special permission to go to Bethlehem."

Saul exploded in anger at Jonathan: "Don't you think I know that you're up to something with the son of Jesse? Now go get him. Bring him here. From this moment, he's as good as dead!"

Jonathan stood up to his father. " Why dead? What's he done?"

Saul threw his spear at him to kill him. That convinced Jonathan that his father was decided on killing David.

In the morning, Jonathan went to the field. And then they kissed one another and wept, friend over friend, David weeping especially hard. Jonathan said, "Go in peace! The two of us will be friends in God's name forever!"

엘리야와 바알 선지자

이스라엘에 오랫동안 비가 내리지 않았어요. 3년이나 가뭄이 계속되던 어느 날, 하나님이 엘리야를 찾아오셨어요.

"가서 아합 왕을 만나라. 그리하면 내가 이 나라에 비를 내려 주겠다."

엘리야는 아합 왕을 찾아갔어요. 아합 왕은 엘리야를 보자마자 비꼬며 말했어요.

"바로 네가 이스라엘을 괴롭히는 자냐?"

엘리야가 말했어요.

"이스라엘을 괴롭히는 사람은 제가 아니라 바로 당신이지요. 당신은 여호와의 뜻과 명령에 복종하지 않고 바알 신을 따

랐어요. 이제 제가 말하는 대로 해 주셨으면 해요. 이스라엘에 있는 모든 사람을 갈멜 산으로 모으세요. 그중에서도 바알 신을 받드는 선지자 450명은 반드시 산에 와야 해요."

아합 왕은 엘리야의 말대로 이스라엘의 모든 사람을 불러 모

왔어요. 바알 선지자들에게도 갈멜 산으로 오라고 말했지요.

엘리야는 모인 사람들 앞에서 목소리를 높여 이야기했어요.

"여러분은 언제까지 하나님과 바알 사이에서 머뭇거리고만 있을 겁니까? 하나님이 진짜 신이라면 하나님의 말씀을 따르고, 바알이 진짜 신이라면 바알을 따르십시오!"

그러나 말을 하거나 움직이는 사람이 아무도 없었어요.

엘리야가 다시 말했어요.

"이스라엘에 남은 여호와의 선지자는 나밖에 없어요. 바알의 선지자들은 450명이나 되지요. 우리가 각자 황소 한 마리씩을 잡아서 제단에 올려 놓읍시다. 그런 다음 바알의 선지자들은 바알에게 기도를 올리세요. 저는 하나님에게 기도하겠어요. 불을 내려 대답하는 신이 진짜 신임을 증명하는 거지요."

모든 사람이 이 말에 고개를 끄덕였어요.

엘리야가 바알 선지자들에게 말했어요.

"당신이 먼저 하세요. 당신의 신에게 기도를 올리되 제단에는 불을 붙이지 마세요."

그러자 바알의 선지자들은 기도하기 시작했어요.

"바알 신이시여, 응답해 주십시오!"

기도는 아침 내내 계속되었지만 아무 일도 일어나지 않았어요. 바알의 선지자들은 점점 더 큰 소리로 기도했지만, 하루 종

일 아무 일도 일어나지 않았어요.

엘리야가 사람들에게 말했어요.

"이제 내 차례예요. 모두 이리로 모이세요."

사람들이 모이자, 엘리야는 제단 주위에 고랑을 깊숙이 팠어요. 그리고 제단 위에 장작을 놓고, 황소를 올려놓았지요. 그런 다음 사람들에게 물동이 네 개에 물을 채워 소와 장작에 세 번이나 붓게 했어요.

제사를 드릴 때가 되자 선지자 엘리야는 제단 앞으로 나아가 기도했어요.

"아브라함과 이삭과 이스라엘의 하나님 여호와여! 주께서 이스라엘의 하나님이심을 지금 나타내소서. 나의 기도를 들으소서. 나의 기도에 응답하사 이 사람들에게 당신이 진정한 여호와 하나님이심을 보여 주시옵소서!"

기도를 마치기가 무섭게 하늘에서 무엇인가 내려왔어요. 바로 활활 타오르는 불이었지요! 하나님의 불은 제물과 장작, 제단 둘레의 돌과 도랑의 물까지 태워 버렸어요. 이를 본 사람들이 엎드려 경배하는 마음으로 외쳤어요.

"여호와 하나님이 진짜 신이시다! 여호와 하나님이 진정한 신이시다!"

Elijah and the Prophets of Baal

1 KINGS 18

There was a drought in Israel. The drought was now in its third year. God's word came to Elijah. The message: "Go and present yourself to King Ahab; I'm about to make it rain on the country."

The moment Ahab saw Elijah he said, "So it's you, old troublemaker!"

"It's not I who has caused trouble in Israel," said Elijah, "but you— you've dumped God's ways and commands and run off after the local gods, the Baals. Here's what I want you to do: Assemble everyone in Israel at Mount Carmel. And make sure that the four hundred and fifty prophets of the local gods, the Baals, are there."

So Ahab summoned everyone in Israel, particularly the prophets, to Mount Carmel. Elijah challenged the people: "How long are you going to sit on the fence? If God is the real God, follow him; if it's Baal, follow him. Make up your minds!"

Nobody said a word; nobody made a move. Then Elijah said, "I'm the only prophet of God left in Israel; and there are four hundred and fifty prophets of Baal. Let the Baal prophets bring up two oxen; let them pick one, butcher it, and lay it out on an altar on firewood.but don't ignite it. I'll take the other ox, cut it up, and lay it on the wood. But neither will I light the fire. Then you pray to your gods and I'll pray to God. The god who answers with fire will prove to be, in fact, God."

All the people agreed: "A good plan–do it!"

Elijah told the Baal prophets, " You go first. Then pray to your god, but don't light the fire." So they took the ox he had given them, prepared it for the altar, then prayed to Baal. They prayed all morning long, "O Baal, answer us!" But nothing happened–not so much as a whisper of breeze. Desperate, they jumped and stomped on the altar they had made. By noon, Elijah had started making fun of them, taunting, "Call a little louder–he is a god, after all. You don't suppose he's overslept, do you, and needs to be waked up?" They prayed louder and louder. This went on until well past noon, but still nothing happened.

Then Elijah told the people, "Enough of that–it's my turn. Gather around." And they gathered. He then put the altar back together, for by now it was in ruins. Then Elijah dug a fairly wide trench around the altar. He laid firewood on the altar, cut up the ox, put it on the wood, and said, "Fill four buckets with water and soak both the ox and the firewood." Then he said, "Do it again," and they did it. Then he said, "Do it a third time," and they did it a third time.

When it was time for the sacrifice to be offered, Elijah the prophet came up and prayed, "O God, God of Abraham, Isaac, and Israel, make it known right now that you are God in Israel. Answer me, God; O answer me and reveal to this people that you are God, the true God."

Immediately the fire of God fell and burned up the offering, the wood, the stones, the dirt, and even the water in the trench.

All the people saw it happen and fell on their faces in awed worship, exclaiming, "God is the true God! God is the true God!"

조용한 목소리를 들은 엘리야

사악한 왕비 이세벨은 엘리야가 바알로부터 사람들을 구원하고 바알 선지자들을 모두 죽인 소문을 알게 되었어요. 이세벨은 곧바로 사람을 보내 엘리야에게 협박했어요.

"네가 바알 선지자들을 죽였듯이 나도 너의 목숨을 가져갈 것이다! 내일 이맘때쯤 너는 죽을 것이다."

엘리야는 이 말을 듣고 무서워서 유대 서쪽에 있는 브엘세바로 도망갔어요. 거기서 엘리야는 로뎀 나무 그늘에 앉아 하나님께 기도했어요.

"주님, 이것으로 충분합니다. 나의 생명을 거두어 가십시오."

많이 지친 엘리야는 로뎀
나무 아래에서 쿨쿨 잠이 들
었어요. 그때 갑자기 한 천사
가 나타나 엘리야를 흔들어 깨
우면서 말했어요.

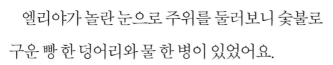

"엘리야야! 어서 일어나 이걸 먹
어라. 앞으로 긴 여행을 떠나야 한다."

엘리야가 놀란 눈으로 주위를 둘러보니 숯불로
구운 빵 한 덩어리와 물 한 병이 있었어요.

엘리야는 일어나서 배부르게 먹고 마신 뒤에 길을 떠났어요.
음식을 먹고 힘이 난 엘리야는 40일을 밤낮으로 걸어 하나님
의 산인 호렙 산에 도착했어요. 호렙 산에 도착한 엘리야는 깜
깜한 동굴로 들어가 잠이 들었어요.

"엘리야야, 여기에서 무얼 하고 있느냐?"

하나님이 엘리야에게 묻자, 그가 대답했어요.

"주님, 저는 지금까지 온 마음을 다해 주님의

일을 해왔어요. 그러나 이스라엘 사람

들은 하나님과 맺은 약속을 어겼어요.
성전을 부수고 주님의 선지자들을 죽였
지요. 제가 남아 있는 유일한 선지자예요.
그런데 이제 사람들이 저도 죽이려고 하고 있
어요."
"산 위에 가시 서 있기라. 내가 네 앞으로 지나갈 것
이다."

갑자기 거센 회오리바람이 몰아쳤어요. 산을 가르고
바위를 부수었지요. 그러나 바람 속에는 하나님이 계시
지 않았어요. 바람이 지나간 뒤에는 지진이 나서 땅이 흔들
렸어요. 그 지진 속에도 하나님은 계시지 않았어요. 이번엔 뜨

거운 불이 활활 타올랐어요. 그러나 불 속에도 하나님은 계시지 않았어요. 이윽고 불이 꺼진 뒤 부드럽고 조용한 속삭임이 들려왔어요. 그 소리를 들은 엘리야는 겉옷으로 얼굴을 가리고 동굴 입구에 가서 섰어요. 다시 조용한 음성이 들려왔어요.

"엘리야야, 이제 내게 말하여라. 이곳에서 무엇을 하고 있느냐?"

엘리야가 아까와 똑같이 다시 한 번 대답했어요. 그러자 하나님이 말씀하셨어요.

"광야로 지나왔던 길을 되돌아 다메섹으로 가라. 그곳에 가면 기름 부음 받을 자들과 네 뒤를 따라 선지자가 될 엘리사를 만날 것이다."

엘리야는 곧장 길을 떠났어요. 들판에서 열두 쌍의 소가 끄는 쟁기로 밭을 일구는 엘리사를 만났어요. 엘리야는 엘리사에게 다가가서 자신의 겉옷을 덮어 주었어요. 엘리사가 소를 내버려 두고 엘리야에게 와서 말했어요.

"잠깐만요! 아버지와 어머니에게 작별 인사를 드린 뒤에 당신을 따라가겠어요."

"어서 다녀와라. 그러나 내가 너에게 방금 겉옷을 벗어 준 일
을 잊지 말거라."

엘리사는 돌아가서 두 마리의 소를 잡아 쟁기와 다른 농기구
로 불을 지폈어요. 그리고 고기를 구워 가족들에게 주었어요.
그런 뒤에 엘리사는 엘리야를 따라 길을 떠났어요. 엘리사는
엘리야와 함께 하나님을 섬겼어요. 엘리사는 엘리야에게 없어
서는 안 될 소중한 사람이 되었지요.

Elijah Hears a Quiet Voice

The wicked Queen Jezebel heard that God's prophet Elijah was attempting to turn the people against the false god Baal. Jezebel immediately sent a messenger to Elijah with her threat: "The gods will get you for this and I'll get even with you! By this time tomorrow you'll be dead."

When Elijah saw how things were, he ran for dear life to Beersheba,far in the south of Judah. He then went on into the desert another day's journey. He came to a lone broom bush and collapsed in its shade, wanting in the worst way to be done with it all–to just die: "Enough of this, God! Take my life–I'm ready to join my ancestors in the grave!" Exhausted, he fell asleep under the lone broom bush.

Suddenly an angel shook him awake and said, "Get up and eat!"

He looked around and, to his surprise, right by his head were a loaf of bread baked on some coals and a jug of water. He ate the meal and went back to sleep.

The angel of God came back, shook him awake again, and said, "Get up and eat some more–you've got a long journey ahead of you."

He got up, ate and drank his fill, and set out. Nourished by that meal, he walked forty days and nights, all the way to the mountain of God, to

Horeb. When he got there, he crawled into a cave and went to sleep.

Then the word of God came to him: "So Elijah, what are you doing here?"

"I've been working my heart out for the God-of-the-Angel-Armies," said Elijah. "The people of Israel have abandoned your covenant, destroyed the places of worship, and murdered your prophets. I'm the only one left, and now they're trying to kill me."

Then he was told, "Go, stand on the mountain at attention before God. God will pass by."

A hurricane wind ripped through the mountains and shattered the rocks before God, but God wasn't to be found in the wind; after the wind an earthquake, but God wasn't in the earthquake; and after the earthquake fire, but God wasn't in the fire; and after the fire a gentle and quiet whisper.

When Elijah heard the quiet voice, he covered his face with his great cloak, went to the mouth of the cave, and stood there. A quiet voice asked, "So Elijah, now tell me, what are you doing here?" Elijah said it again, "I've been working my heart out for God, the God-of-the-Angel-Armies, because the people of Israel have abandoned your covenant, destroyed your places of worship, and murdered your prophets. I'm the only one left, and now they're trying to kill me."

God said, "Go back the way you came through the desert to Damascus. When you get there anoint several men I will show you, including

Elisha to succeed you as prophet. Meanwhile, I'm preserving for myself seven thousand souls: the knees that haven't bowed to the god Baal, the mouths that haven't kissed his image."

Elijah went straight out and found Elisha in a field where there were twelve pairs of yoked oxen at work plowing; Elisha was in charge of the twelfth pair. Elijah went up to him and threw his cloak over him.
Elisha deserted the oxen, ran after Elijah, and said, "Please! Let me kiss

my father and mother good-bye–then I'll follow you."

"Go ahead," said Elijah, "but, mind you, don't forget what I've just done to you."

So Elisha left; he took his yoke of oxen and killed them. He made a fire with the plow and tackle and then boiled the meat–a true farewell meal for the family. Then he left and followed Elijah, becoming his right-hand man.

활활 타오르는 불구덩이

느부갓네살 왕은 금으로 된 커다란 신상을 만들었어요. 그리고 누구든지 이 신상에게 제사를 올려야 한다고 명령했지요.

"나라와 민족, 종교에 상관없이 다들 귀를 기울이라! 나팔과 피리와 온갖 악기 소리가 들리면, 누구든지 무릎을 꿇고 금 신상에 절해야 한다. 엎드려 절하지 않는 자는 활활 타오르는 불

구덩이에 던져질 것이다!"

곧이어 악기 소리가 들리자, 모든 사람이 금 신상 앞에 무릎을 꿇고 절을 했어요.

그때에 갈대아 지방의 어떤 사람들이 왕에게 말했어요.

"왕이시여, 그런데 왕의 명령을 어긴 유대 사람들이 있습니다. 그들은 왕의 신들을 섬기지 않고, 왕이 만드신 신상에도 절을 하지 않았습니다."

느부갓네살 왕은 크게 화가 나서 명령했어요.

"여봐라, 어서 가서 명령을 어긴 자들을 끌고 오너라!"

이들이 성에 끌려오자 왕이 물었어요.

"너희가 나의 신을 섬기지 않고, 내가 세운 신상에 절하지도 않은 게 사실이냐? 한 번만 더 기회를 주겠다. 악기 소리가 들리면 신상에 절하여라. 그렇지 않으면 너희를 활활 타오르는 불구덩이에 던져 버리겠다."

그들이 느부갓네살 왕에게 대답했어요.

"왕이여, 만약 우리를 불구덩이에 던지시면, 우리가 섬기는 하나님이 활활 타오르는 불구덩이에서 구해 주실 것입니다. 그런 일이 일어나지 않더라도 우리의 마음은 변함이 없답니다."

왕은 잔뜩 화가 나서 얼굴이 시뻘게진 채로 명령했어요.
"불구덩이를 평소보다 일곱 배나 더 뜨겁게 달구어라! 그리고

이들을 묶어 뜨거운 불구덩이에 던져 넣어라!"

이들은 손과 발이 꽁꽁 묶인 채로 활활 타오르는 불구덩이에 던져졌어요. 그리고 얼마 뒤에 느부갓네살 왕은 깜짝 놀라 펄쩍 뛰며 말했어요.

"우리가 세 사람을 불에 던지지 않았느냐?"

신하들이 대답했어요.

"맞습니다, 왕이여!"

"한번 보아라. 내 눈에는 네 사람이 보이는구나! 하나도 타지 않고 불 속을 자유롭게 걸어 다니고 있어! 네 번째 남자는 마치 천사와

같은 모습을 하고 있구나!"

느부갓네살 왕은 활활 타오르는 불구덩이 입구로 가서 소리
쳤어요.
"전능하신 하나님의 종들아, 어서 밖으로 나오너라!"
그러자 사드락과 메삭, 아벳느고가 불 속에서 걸어 나왔
어요. 관리들과 신하들이 살펴보았더니, 불에
들어갔던 흔적은 하나도 찾을 수
없었어요. 머리카락 한 올
도 타지 않았고, 옷에 그
을린 자국조차 없었어

요. 불에 탄 냄새도 전혀 나지 않았지요.

이를 본 느부갓네살 왕이 말했어요.

"이들의 하나님을 찬양하자! 하나님이 친히 천사를 보내어 다른 신들을 섬기지 않고 오직 자신만 믿고 따른 종들을 구하셨도다!"

The Fiery Furnace

King Nebuchadnezzar built a gold statue, ninety feet high and nine feet thick. He then ordered all the important leaders in the province, everybody who was anybody, to the dedication ceremony of the statue. A messenger then proclaimed in a loud voice: "Attention, everyone! Every race, color, and creed, listen! When you hear the band strike up– all the trumpets and trombones, the tubas and baritones, the drums and cymbals–fall to your knees and worship the gold statue that King Nebuchadnezzar has set up. Anyone who does not kneel and worship shall be thrown into a roaring furnace."

The band started to play and everyone fell to their knees and worshiped the gold statue that King Nebuchadnezzar had set up.

Just then, some Babylonian fortunetellers stepped up and said to King Nebuchadnezzar, "Long live the king! You gave strict orders, O king, that whoever did not go to their knees and worship had to be pitched into a roaring furnace. Well, there are some Jews here–Shadrach, Meshach, and Abednego–who are ignoring you, O king. They don't respect your gods and they won't worship the gold statue you set up."

Furious, King Nebuchadnezzar ordered Shadrach, Meshach, and Abednego to be brought in. When the men were brought in,

Nebuchadnezzar asked, "Is it true that you don't respect my gods and refuse to worship the gold statue that I have set up? I'm giving you a second chance. If you don't worship it, you will be pitched into a roaring furnace, no questions asked. Who is the god who can rescue you from my power?"

They answered King Nebuchadnezzar, "Your threat means nothing to us. If you throw us in the fire, the God we serve can rescue us from your roaring furnace, O king. But even if he doesn't, it wouldn't make a bit of difference, O king. We still wouldn't serve your gods or worship the gold statue you set up."

Nebuchadnezzar, his face purple with anger, ordered the furnace fired up seven times hotter than usual. He ordered some strong men from the army to tie them up, hands and feet, and throw them into the roaring furnace. Shadrach, Meshach, and Abednego, bound hand and foot, fully dressed from head to toe, were pitched into the roaring fire.

Suddenly King Nebuchadnezzar jumped up in alarm and said, "Didn't we throw three men into the fire?"

"That's right, O king," they said.

"But look!" he said. "I see four men, walking around freely in the fire, completely unharmed! And the fourth man looks like an angel!"

Nebuchadnezzar went to the door of the roaring furnace and called in, "Shadrach, Meshach, and Abednego, servants of the High God, come out here!"

Shadrach, Meshach, and Abednego walked out of the fire.

All the important people, the government leaders and king's counselors, gathered around to examine them and discovered that the fire hadn't so much as touched the three men—not a hair singed, not a scorch mark on their clothes, not even the smell of fire on them!

Nebuchadnezzar said, "Blessed be the God of Shadrach, Meshach, and Abednego! He sent his angel and rescued his servants who trusted in him!"

사자 굴에 빠진 다니엘

다리오 왕은 중요한 나랏일이 많아지자 다니엘에게 왕국 전체를 맡기기로 결심했어요. 다니엘이 다른 사람들보다 훨씬 더 똑똑했기 때문이에요. 그러자 다른 지도자들이 다니엘을 시기하고 질투했어요.

"우리가 다니엘의 흠이나 잘못을 샅샅이 찾아보아요! 그에게도 분명 부족한 부분이 있을 거예요. 그 점을 찾아 왕에게 일러바치자고요!"

하지만 그들은 다니엘에게서 아무런 흠이나 잘못도 찾아낼수 없었어요. 다니엘은 모든 면에서 믿을 수 있는 사람이었기 때문이지요. 그래서 지도자들은 결국 다니엘을 해칠 음모를

꾸며서 왕에게 찾아갔어요.

"왕이시여, 만수무강하소서! 우리는 왕이 다음과 같은 법을
세우셔야 한다고 생각합니다."

> 앞으로 30일 동안 왕이 아닌 그 어떤 신이나
> 사람에게도 기도를 하지 말 것.
> 이를 어기는 자는 사자 굴에 던져질 것임.

그래서 다리오 왕은 이 법을 허락했어요.

다니엘은 새로운 법이 허락되고 널리 알려진 것을 알았어요.
하지만 평소처럼 하루에 세 번씩 무릎을 꿇고 하나님에게 기
도를 드렸어요. 다른 지도자들이 열린 창문으로 다니엘이 하
나님에게 간절히 기도하는 것을 보았어요. 그리고 곧장 왕에
게 가서 말했어요.

"왕이시여, 다니엘이 왕이 세운 법을 어겼습니다. 아직도 하
루에 세 번씩 그가 섬기는 하나님에게 기도를 하고 있어요."

215

이 말을 들은 다리오 왕은 그들의 음모를 알아차리고 화가 났어요. 왕은 다니엘을 곤란한 상황에서 구해 주려고 최선을 다했지요. 그러나 다른 신하들이 다시 찾아왔어요.

"왕이시여, 왕이 정한 법은 절대로 고칠 수 없다는 점을 기억 하십시오."

결국 왕은 다니엘을 잡아서 사자 굴에 던지라는 명령을 내릴 수밖에 없었어요. 왕이 다니엘에게 말했어요.

"네가 신실하게 모시는 너의 하나님이 너를 구해 줄 것이다."

사람들은 다니엘을 사자 굴에 던져 넣고 넓은 돌로 입구를 막았어요. 왕은 다니엘이 걱정되어 아무것도 먹을 수가 없었어요. 결국 잠도 자지 못하고 날이 밝자 서둘러 사자 굴로 달려 갔어요. 그리고 걱정스러운 목소리로 외쳤어요.

"살아 계신 하나님의 종, 다니엘아! 너의 하나님이자 네가 신실하게 섬기는 하나님이 너를 사자로부터 구하셨느냐?"

다니엘이 말했어요.

"나의 하나님이 천사를 보내셨어요. 그 천사가 사자들이 저를 해치지 못하게 했어요. 저는 하나님 앞이나 왕 앞에서 죄가 없음이 밝혀졌어요. 왕이시여, 저는 왕에게 해가 되는 일을 전혀 하지 않았어요."

왕은 이 말을 듣고 정말 기뻤어요. 왕은 다니엘을 사자 굴에서 나오게 했어요. 다니엘의 몸은 사자에게 물린 자국은커녕 긁힌 상처 하나도 없었어요. 다니엘이 자신의 하나님을 믿었기 때문에 가능한 일이었어요.

Daniel in the Lions' Den

Darius the king reorganized his kingdom. Daniel was so much smarter than the other leaders that the king decided to put him in charge of the whole kingdom.

The other leaders got together to find something in Daniel's life that they could use against him, but they couldn't dig up anything. He was totally trustworthy. So they cooked up a plan and then went to the king and said, "King Darius, live forever! We've agreed that the king should issue the following decree:

For the next thirty days no one is to pray to any god or man except you, O king. Anyone who disobeys will be thrown into the lions' den."
King Darius signed the decree.

When Daniel learned that the decree had been signed and posted, he continued to pray just as he had always done. His house had windows in the upstairs that opened toward Jerusalem. Three times a day he knelt there in prayer, thanking and praising his God.

The leaders came and found him praying, asking God for help. They went straight to the king and said, "Daniel ignores your decree. Three times a day he prays."

220

At this, the king was very upset and tried his best to get Daniel out of the fix he'd put him in. But then the leaders were back: "Remember, O king, that the king's decree can never be changed."

The king ordered Daniel brought and thrown into the lions' den. But he said to Daniel, " Your God, to whom you are so loyal, is going to get you out of this."

A stone slab was placed over the opening of the den.

The king then went back to his palace. He refused supper. He couldn't sleep. He spent the night fasting.

At daybreak the king got up and hurried to the lions' den. As he approached the den, he called out anxiously, "Daniel, servant of the living God, has your God, whom you serve so loyally, saved you from the lions?"

"O king, live forever!" said Daniel. "My God sent his angel, who closed the mouths of the lions so that they would not hurt me. I've been found innocent before God and also before you, O king. I've done nothing to harm you."

When the king heard these words, he was happy. He ordered Daniel taken up out of the den. When he was hauled up, there wasn't a scratch on him. He had trusted his God.

요나와 큰 물고기

어느 날 하나님이 요나에게 말씀하셨어요.

"일어나 니느웨 성으로 가거라! 가서 그들에게 설교를 하여

다시스
가는 ㅂ

222

라. 니느웨 사람들이 나쁜 길로 가는 것을 더 이상 보고 있을 수
가 없구나."

하지만 요나는 하나님의 명령을 듣지 않고 그와는 다른 곳인

니느웨

다시스로 가는 배를 타 버렸어요.

얼마 후, 하나님은 엄청난 폭풍우를 바다에 보내셨어요. 바람이 쌩쌩 불고 파도가 아주 높게 일었어요. 배가 산산조각 나기 직전이었지요.

선원들이 모두 입을 모아서 말했어요.

"이렇게 해요. 누가 이 폭풍우를 불러왔는지 제비뽑기를 해봐요."

그래서 선원들과 요나는 제비뽑기를 했어요. 그리고 요나가 뽑히자, 사람들이 요나에게 물어보았어요.

"왜 이런 폭풍우가 몰아쳤나요? 당신은 어디에서 왔어요?"

"나는 히브리 사람이에요. 바다와 땅을 만드신 여호와 하나님을 믿는 사람이지요. 사실 지금 나는 그분의 말씀에 순종하지 않고 도망치는 길이에요."

요나의 말을 들은 선원들은 깜짝 놀랐어요.

"우리가 당신을 어떻게 해야 폭풍우가 잠잠해질까요?"

"나를 바다에 던지세요. 그러면 폭풍우도 사라질 거예요."

하지만 선원들은 요나의 말을 듣지 않고 다시 해변으로 돌아가려고 노를 저었어요. 폭풍우는 점점 더 거칠고 사나워졌어요. 그러자 선원들은 어쩔 수 없이 요나를 바다에 던졌어요.

"풍덩!"

신기하게도 요나를 바다에 던지자마자 바다가 다시 잠잠해졌어요.

하나님은 바다에 빠진 요나를 큰 물고기가 꿀꺽 삼키도록 하

셨어요. 요나는 3일 밤낮을 캄캄한 물고기 뱃속에 갇혀 있었어요. 요나는 물고기 뱃속에서 하나님에게 기도했어요.

"내가 커다란 고통 중에서 하나님에게 기도했더니 주님은 나의 기도에 응답해 주셨어요. 내 생명이 거의 꺼져갈 때에 하나님을 기억했더니, 나의 기도가 하나님에게 전달되었지요. 주님, 감사합니다. 이제 나는 당신과 약속한 일을 하겠어요!"

하나님이 물고기에게 명령하시자 물고기는 요나를 해변에 '퉤!' 하고 뱉었어요.

Jonah and the Huge Fish

JONAH 1~2

One day long ago, God's Word came to Jonah: "Up on your feet and on your way to the big city of Nineveh! Preach to them. They're in a bad way and I can't ignore it any longer."

But instead Jonah got up and went down to the port of Joppa and found a ship headed for Tarshish. He paid the fare and went on board.

God sent a huge storm at sea, the waves towering. The ship was about to break into pieces. The sailors were terrified. Meanwhile, Jonah had gone down into the hold of the ship to take a nap. He was sound asleep. The captain came to him and said, "Get up! Pray to your god! Maybe your god will see we're in trouble and rescue us."

Then the sailors said to one another, "Let's get to the bottom of this. Let's draw straws to identify who's responsible for this disaster."

So they drew straws. Jonah got the short straw. Then they asked him: " Why this disaster? Where do you come from?"

He told them, "I'm a Hebrew. I worship God, the God of heaven who made sea and land."

At that, the men were frightened, really frightened. As Jonah talked, the sailors realized that he was running away from God.

228

They said to him, " What are we going to do with you–to get rid of this storm?"

Jonah said, "Throw me overboard, into the sea. Get rid of me and you'll get rid of the storm."

But no. The men tried rowing back to shore. The storm only got worse and worse, wild and raging. Then they took Jonah and threw him overboard. Immediately the sea was quieted down.

Then God assigned a huge fish to swallow Jonah. Jonah was in the fish's belly three days and nights.

Then Jonah prayed to his God from the belly of the fish. He prayed:

"In trouble, deep trouble, I prayed to God.

He answered me.

I was as far down as a body can go,

Yet you pulled me up from that grave alive,

O God, my God!

When my life was slipping away,

I remembered God,

And my prayer got through to you.

I'm worshiping you, God, calling out in thanksgiving!

And I'll do what I promised I'd do!"

Then God spoke to the fish, and it vomited up Jonah on the seashore.

신약

마리아와 엘리사벳

헤롯 왕이 유대를 다스리고 있을 때였어요. '사가랴'라고 하는 제사장이 있었는데, 그의 부인은 '엘리사벳'이었지요. 그 부부는 하나님의 말씀을 잘 지키고 실천하며 살았어요. 그런데 엘리사벳은 아기를 낳을 수가 없었어요.

그러던 어느 날이었어요. 사가랴가 하나님의 성전에 들어가려고 하는데, 갑자기 하나님의 천사가 나타났어요.

"앗! 당신은 누구세요?"

"사가랴야, 무서워하지 말고 들어라. 하나님이 너의 기도를 들으셨다. 너의 아내 엘리사벳은 아들을 낳을 것이다. 그에게

'요한'이라는 이름을 지어 주어라. 요한은 성령이 충만한 사람이 될 것이다. 또한 그는 사람들로 하여금 예수님을 맞이할 준비를 하게 할 것이다."

얼마 후, 사가랴의 아내 엘리사벳은 정말로 아기를 가졌어요.

엘리사벳이 임신한 지 여섯 달이 되었을 때였어요. 하나님은 천사 가브리엘을 나사렛으로 보내셨어요. 가브리엘은 다윗의 자손 '요셉'이라는 사람과 결혼을 약속한 처녀를 찾아갔어요. 그녀의 이름은 '마리아'였어요.

"마리아야! 무서워 마라. 하나님이 너에게 놀라운 선물을 주셨어. 너는 아들을 낳게 될 테니 그 이름을 '예수'라 하여라. 그는 큰 사람이 될 거란다. 사람들이 그를 '지극히 높으신 자의 아들'이라고 부를 거야. 또한 하나님이 조상인 다윗의 왕위를 그에게 이어주실 거란다."

"저는 처녀인데 어떻게 아기를 낳을 수 있나요?"

"너는 성령으로 아기를 가질 것이다. 그리고 그 아이는 거룩한 하나님의 아들이 될 거란다. 너의 사촌
엘리사벳도 나이가 많지?
그런데 아기를 가진 지 벌써
6개월이나 되었단다. 하나님
이 함께하시면 불가능한 일
이 아무것도 없단다."
　"네. 잘 알겠어요. 저는 하나님의 종이에요.
하나님을 섬길 준비가 되었어요. 모든 일을 말씀대로
따르겠어요."

　마리아는 사가랴의 집으로 가서 엘리사벳을 만났지요.
　"엘리사벳, 잘 지내셨어요? 아기를 가지셨다면서요? 정말
축하드려요."
　엘리사벳이 마리아의 목소리를 듣자, 뱃속에 있던 아기
가 폴짝폴짝 뛰는 게 아니겠어요? 엘리사벳은 성령의 충
만함을 받아 큰 소리로 외쳤어요.
　"마리아, 당신은 여자들 중에 정말 축복받은 사람이에요!

뱃속에 있는 제 아기도 복을 받았고요. 우리 예수님의 어머니가 나에게 오다니! 당신의 목소리를 듣자, 뱃속에 있던 우리 아기가 기뻐서 양처럼 뛰었답니다.”

마리아는 세 달 동안 엘리사벳과 함께 지내다가 집으로 돌아갔어요.

얼마 후, 엘리사벳이 드디어 아들을 낳았어요. 이웃과 친척들이 와서 축하해 주었지요.

"엘리사벳, 축하해요! 아기의 이름은 아버지의 이름을 따서 '사가랴'라고 지으면 되겠네요."

하지만 아기의 어머니인 엘리사벳이 반대했어요.

"아니요. '요한'이라고 부를 거예요."

그러자 사가랴가 성령의 충만함을 받아 예언을 했어요.

"하나님을 찬양하라. 이스라엘의 하나님을 찬양하라! 하나님이 오셔서 백성들을 자유롭게 해 주셨도다. 하나님은 우리의 삶 가운데 그리고 주님의 종인 다윗의 집에 구원의 힘을 주셨도다. 우리의 아기는 앞장서서 주님의 길을 준비하고, 주님의 백성에게 구원의 기회를 주고, 그들의 죄를 용서해 줄 것이다!"

Mary and Elizabeth

LUKE 1

During the rule of Herod, King of Judea, there was a priest named Zachariah. His wife was named Elizabeth. Together they lived honorably before God, but they were childless and quite old.

It came Zachariah's one turn in life to enter the sanctuary of God in the temple. Unannounced, an angel of God appeared and Zachariah was very afraid.

But the angel reassured him, "Don't fear, Zachariah. Your prayer has been heard. Elizabeth, your wife, will have a son. You are to name him John. He'll be filled with the Holy Spirit–he'll get the people ready for God."

It wasn't long before his wife, Elizabeth, became pregnant.

In the sixth month of Elizabeth's pregnancy, God sent the angel Gabriel to the village of Nazareth to a virgin engaged to be married to a man from David's family. His name was Joseph, and the virgin's name, Mary.

Upon entering, Gabriel greeted her:

"Good morning!

You're beautiful with God's beauty,

Beautiful inside and out!

God be with you."

She was very afraid, but the angel assured her, "Mary, you have nothing to fear. God has a surprise for you: You will become pregnant and give birth to a son and call his name Jesus. He will be great, be called 'Son of the Highest.' The Lord God will give him the throne of his father David."

Mary said to the angel, "But how?"

The angel answered,

"The Holy Spirit will come upon you;

Therefore, the child you bring to birth will be called Holy, Son of God.

And did you know that your cousin Elizabeth is six months pregnant? Nothing, you see, is impossible with God."

And Mary said,

"Yes, I see it all now:

I'm the Lord's maid, ready to serve.

Let it be with me just as you say."

Then the angel left her.

Mary didn't waste a minute. She got up and traveled to a town in Judah in the hill country, straight to Zachariah's house, and greeted Elizabeth. When Elizabeth heard Mary's greeting, the baby in her womb leaped. She was filled with the Holy Spirit, and sang out exuberantly,

"You're so blessed among women,

and the babe in your womb, also blessed!

And why am I so blessed that
the mother of my Lord visits me?
The moment the sound of your
greeting entered my ears,
The babe in my womb
skipped like a lamb for sheer joy.
Blessed woman, who believed what God said,
believed every word would come true!"

And Mary said,
"I'm bursting with God-news;
I'm dancing the song of my Savior God.
His mercy flows in wave after wave
on those who are in awe before him."
Mary stayed with Elizabeth for three months and then went back to her
own home.

When Elizabeth gave birth to a son, her neighbors and relatives
celebrated with her. They were calling him Zachariah after his father.
But his mother intervened:
"No. He is to be called John."
Then Zachariah was filled with the Holy Spirit and prophesied,
"Blessed be the Lord, the God of Israel;
he came and set his people free.
He set the power of salvation in the center of our lives,

and in the very house of David his servant.
And you, my child, "Prophet of the Highest,"
will go ahead of the Master to prepare his ways,
Present the offer of salvation to his people,
the forgiveness of their sins."
The child grew up, healthy and spirited.

예수님의 탄생

온 나라가 호적 등록을 하게 되었어요. 때문에 모든 사람은 고향으로 돌아가야만 했어요. 요셉도 나사렛에서 고향인 베들레헴으로 가야 했어요. 요셉은 약혼자인 마리아와 함께 길을 떠났어요. 마리아는 아기를 가져서 배가 불러 있었어요.

"이제 곧 아기가 나오겠구나. 그런데 베들레헴에 우리가 잘 수 있는 방이 하나도 없다니…. 이를 어쩌지?"

결국 마리아는 어느 여관의 마구간 안에서 아기를 낳아야 했어요.

근처 들판에서는 양치기들이 양 떼를 지키고 있었어요. 그런

데 갑자기 양치기들 앞에 천사가 나타났어요.

"무서워하지 마라. 나는 모든 백성에게 좋은 소식을 전하러 왔단다. 오늘날 다윗의 고향에서 구세주가 태어나셨다. 그분은 메시아지! 담요에 싸여 구유에 누워 있는 아기를 찾아라."

그러자 곧 하늘에서 어마어마한 숫자의 천사 찬양대가 나타났어요.

"지극히 높은 곳에서는 하나님에게 영광을, 땅에서는 하나님이 기뻐하시는 사람들 중에 평화로다!"

천사 찬양대가 하늘에서 사라지자 양치기들은 서로 이야기했어요.

"어서 빨리 베들레헴으로 가자. 하나님이 알려 주신 것을 우리 눈으로 똑똑히 보러 가자고!"

양치기들은 베들레헴으로 허겁지겁 달려갔어요. 마침내 마리아와 요셉 그리고 구유에 누워 있는 아기를 찾았지요. 아기를 본 양치기들은 사람들에게 전했어요.

"여러분, 이 동네에서 구세주가 태어나셨어요! 마침내 우리를 구원할 메시아가 나타나셨어요!"

양치기들은 큰 소리로 하나님에게 영광을 돌리고 찬양을 하며 돌아갔어요.

아기는 '예수'라는 이름을 갖게 되었고, 요셉과 마리아는 율법에 따라 아기 예수를 예루살렘 성전으로 데리고 갔어요. 당시 예루살렘에는 '시므온'이라는 사람이 살

앉어요. 시므온은 평생 이스라엘을 위해 희망을 갖고 기도했지요. 성령님은 시므온에게 죽기 전에 하나님의 메시아를 보게 될 것이라고 말해 주었어요. 성령님의 이끄심을 받은 시므온은 성전으로 들어갔어요. 마침 요셉과 마리아가 아기 예수를 성전으로 데리고 왔어요. 시므온은 아기를 팔에 안고 하나님의 이름으로 축복했어요.

"오, 주님! 저의 눈으로 직접 주님의 구원을 보았습니다. 이 구원은 하나님이 모든 백성을 위해 준비하신 것인 줄 믿습니다. 주님을 믿지 않는 이들을 비추는 빛이요, 이스라엘 백성에게는 영광이 될 것입니다."

이어 시므온은 요셉과 마리아도 축복했어요.

하나님의 율법 의식이 끝나자, 예수님의 가족은 갈릴리에 있는 고향 나사렛으로 돌아왔어요. 예수님은 그곳에서 무럭무럭 컸고 지혜롭게 자랐어요. 하나님의 은혜가 언제나 예수님과 함께 있었어요.

The Birth of Jesus

LUKE 2

About that time everyone had to travel to his own hometown to be counted. So Joseph went from Nazareth up to Bethlehem, David's town, for the census. He went with Mary, his fiancée, who was pregnant.

While they were there, she gave birth to a son, her firstborn. She wrapped him in a blanket and laid him in a manger because there were no other rooms available.

There were sheepherders camping in the neighborhood. Suddenly, God's angel stood among them. They were terrified. The angel said, "Don't be afraid. I'm here to announce a great and joyful event that is meant for everybody: A Savior has just been born in David's town, a Savior who is Messiah and Master. This is what you're to look for: a baby wrapped in a blanket and lying in a manger."

At once the angel was joined by a huge angel choir singing God's praises.

As the angel choir withdrew into heaven, the sheepherders talked it over. "Let's get over to Bethlehem as fast as we can and see for ourselves what God has revealed to us." They left, running, and found Mary and

Joseph, and the baby lying in the manger. Seeing was believing. They told everyone they met what the angels had said about this child.

Mary kept all these things to herself, holding them dear, deep within herself. The sheepherders returned and let loose, glorifying and praising God for everything they had heard and seen. It turned out exactly the way they'd been told!

When the eighth day arrived, the child was named Jesus. His parents took him to the temple in Jerusalem to carry out the rituals of the Law. In Jerusalem at the time, there was a man, Simeon by name, a good man, a man who lived in the prayerful hope of help for Israel. The Holy Spirit had shown him that he would see the Messiah of God before he died. Led by the Spirit, he entered the Temple. As the parents of the child Jesus brought him in, Simeon took him into his arms and blessed God:

"With my own eyes I've seen your salvation;
it's now out in the open for everyone to see:
A God-revealing light to the non-Jewish nations,
and of glory for your people Israel."

Jesus' father and mother were speechless with surprise at these words. Simeon went on to bless them.

When they finished everything required by God in the Law, they returned to Galilee and their own town, Nazareth. There the child grew strong in body and wise in spirit. And the grace of God was on him.

250

동방에서 온 박사

"응애~ 응애~"

베들레헴이라는 마을에서 힘찬 울음소리와 함께 아기 예수님이 태어나셨어요! 곧 머나먼 동쪽 나라에서 온 박사들이 예루살렘에 도착했어요. 이 동방에서 온 박사들은 두리번두리번하며 마을에 있는 사람들에게 아기 예수에 대해 물어보았어요.

"여러분, 새로 태어난 유대인의 왕을 찾으려면 어디로 가야 하나요? 밤하늘의 큰 별 하나가 반짝반짝 빛나며 아기의

탄생을 알려 주었어요. 우리는 그 별을 따라왔어요.”

당시, 헤롯 왕이 이스라엘을 다스렸어요. 새로운 왕이 태어났다는 동방 박사들의 말을 들은 헤롯 왕은 무척이나 겁이 났어요. 그는 불안한 마음에 도시에 있는 모든 대제사장과 종교 학자를 불러 모아서 물어보았어요.

“여봐라! 메시아가 어디에서 태어나겠느냐?”

“왕이시여, 바로 베들레헴이라는 마을입니다.”

헤롯 왕은 동방에서 온 박사들을 몰래 불렀어요. 그리고 메시아가 태어난다는 베들레헴으로 그들을 보내며 말했어요.

“빨리 가서 그 아기를 찾아라. 어떤 방법을 써서라도 꼭 찾아야 한다. 그리고 아기를 찾으면 바로 나에게 알려 주어라. 그럼 나도 메시아를 경배하러 가겠노라.”

헤롯 왕의 명령을 받은 동방 박사들은 서둘러 길을 떠났어요. 어둑어둑한 길을 가다 보니 반짝반짝 빛나는 큰 별이 다시 모습을 드러냈어요.

"저기다! 동방에서 봤던 바로 그 별이구나!"

마침내 동방에서 온 박사들은 아기가 있는 곳을 찾았어요.

그리고 마리아의 품에 포근히 안겨 있는 아기 예수님을 보았어요. 그들은 곧 무릎을 꿇고 아기 예수님에게 경배를 드렸어요. 또한 자신의 짐을 풀어서 동방에서 가져온 예물을 바쳤어요. 예물은 황금과 유향 그리고 몰약이었어요. 아기 예수님에게 경배를 마친 박사들은 꿈을 꾸었어요.

"헤롯 왕에게 돌아가지 마라."

동방에서 온 박사들은 헤롯 왕을 피해 몰래몰래 몸을 숨기며 다른 길을 통해 동방으로 돌아갔어요.

The Magi

MATTHEW 2

After Jesus was born in Bethlehem village, a band of scholars arrived in Jerusalem from the East. They asked around, "Where can we find the newborn King of the Jews? We observed a star in the eastern sky that signaled his birth."

When word of their search got to King Herod, he was terrified. Herod lost no time. He gathered all the high priests and religion scholars in the city together and asked, "Where is the Messiah supposed to be born?"

They told him, "Bethlehem."

Herod then arranged a secret meeting with the scholars from the East. He told them about Bethlehem and said, "Go find this child. Leave no stone unturned. As soon as you find him, send word and I'll join you at once in your worship."

Instructed by the king, they set off. Then the star appeared again, the same star they had seen in the eastern skies. It led them on until it came to the place of the child. They were in the right place! They had arrived at the right time! They entered the house and saw the child in the arms of Mary, his mother. Overcome, they kneeled and worshiped him. Then they opened their luggage and presented gifts: gold, frankincense, myrrh.

In a dream, they were warned not to report back to Herod. So they worked out another route, left without being seen, and returned to their own country.

세례를 받으신 예수님

예수님이 갈릴리 언덕에 살고 계실 때였어요. 세례 요한은 유대의 사막에서 하나님의 말씀을 전하고 있었어요.

"회개하십시오! 하나님 나라가 가까이 왔습니다."

요한은 가죽 띠로 허리를 묶고, 낙타의 털로 만든 옷을 입었어요. 그리고 메뚜기와 야생 꿀을 먹고 살았지요. 많은 사람이 요단 강으로 와서 요한에게 세례를 받았어요.

"세례 요한이여! 나의 죄를 고백하고 새로운

삶을 살기 원합니다. 저에게 세례를 베풀어 주십시오."

수많은 사람이 요한에게 세례를 받기를 간절히 원했어요.

세례 요한은 그들에게 말했어요.

"세례가 중요한 것이 아니라 생활을 바꾸어야 합니다! 푸른 풀과 예쁜 꽃이라도 좋은 열매를 맺지 못하면 활활 타는 불에 던져져야 합니다. 저는 당신들을 회개시키기 위해 물로 세례를 주고 있습니다. 그렇지만 제 뒤에 오시는 분은 성령과 불로 세례를 주실 겁니다. 그분은 저보다 훨씬 능력이 많으십니다. 하나님이 옳은 것은 그의 앞에 두시고, 잘못된 것은 불에 태워 버리실 겁니다."

바로 그때 예수님이 요단 강에 도착하셨어요.

"세례 요한아! 나에게도 세례를 주어라."

"아닙니다. 예수님이 저에게 세례를 받다니요. 오히려 제가 예수님에게 세례를 받아야 합니다."

"아니다. 나에게 세례를 주어라. 하나님이 이 세례를 통해 지금 나타나실 것이다."

세례 요한은 예수님의 말씀에 따랐어요. 예수님이 세례를 받고 요단 강 밖으로 나오는 순간, 하늘이 열리고 하나님의 성령이 나타나셨어요. 성령은 마치 훨훨 나는 비둘기같이 예수님에게 내려왔어요. 그리고 하늘에서 소리가 들려왔어요.

"이는 내가 사랑하는 아들이요, 내 삶의 기쁨이로다."

Jesus is Baptized

While Jesus was living in the Galilean hills, John, called 'the Baptizer,' was preaching in the desert country of Judea. His message was simple and plain, like his desert surroundings: "Change your life. God's kingdom is here."
John dressed in a camel-hair robe tied at the waist by a leather strap. He lived on a diet of locusts and wild field honey.

People poured out of Jerusalem, Judea, and the Jordanian countryside to hear and see him in action. There at the Jordan River those who came to confess their sins were baptized into a changed life.

When John realized that a lot of Pharisees and Sadducees were showing up because it was becoming the popular thing to do, he exploded: "What do you think you're doing down here? Do you think a little water on you is going to make any difference? It's your life that must change, not your skin! What counts is your life. Is it green and blossoming? Because if it's deadwood, it goes on the fire.

I'm baptizing you here in the river, turning your old life in for a kingdom life. The real action comes next: The main character in this drama will ignite the kingdom life within you, a fire within you, the Holy Spirit within you, changing you from the inside out. He's going to clean house—make a clean sweep of your lives. He'll place everything true in its proper place before God; everything false he'll put out with the trash to be burned."

Jesus then appeared, arriving at the Jordan River from Galilee. He wanted John to baptize him. John objected, "I'm the one who needs to be baptized, not you!"

But Jesus insisted. "Do it. God's work is coming together right now in this baptism." So John did it.

The moment Jesus came up out of the baptismal waters, the skies opened up and he saw God's Spirit–it looked like a dove–descending and landing on him. And along with the Spirit, a voice: "This is my Son, chosen and marked by my love, delight of my life."

포도주로 변한 물

갈릴리에 있는 '가나'라는 마을에서 결혼식이 열렸어요. 예수님의 어머니는 물론 예수님과 제자들도 초대를 받았어요. 그런데 결혼식 잔치에서 마실 포도주가 다 떨어지고 말았어요.

그러자 예수님의 어머니가 잔칫집 하인들에게 말했어요.

"예수가 뭐라고 하든지 그의 말을 따르거라."

예수님은 큰 항아리 여섯 개를 준비하게 했어요. 이는 깨끗한 물을 넣어 두는 커다란 항아리였어요.

"항아리마다 물을 가득 채워라."

하인들은 물을 항아리 입구까지 가득 채웠어요.

"이제 이 물을 따라서 손님들에게 내놓아라."

하인들은 예수님 말씀대로 항아리의 물을 따라서 손님들에게 가져갔어요.

손님들은 하인들이 새롭게 내놓은 포도주를 받아서 꿀꺽꿀꺽 마셨어요.

"오! 이렇게 맛있는 포도주는 처음 먹어보는군요."

손님들이 신랑을 불러 이야기했어요.

"내가 아는 사람들은 다들 잔치가 시작될 때 제일 좋은 포도주를 가져와요. 그러다 사람들이 취하기 시작하면 값싼 포도주를 내오지요. 그런데 당신은 제일 좋은 포도주를 이제까지 아껴 두었군요!"

갈릴리 가나에서 일어난 이 일은 예수님이 나타내신 첫 번째 기적이었어요. 이를 본 예수님의 제자들은 예수님을 믿게 되었지요.

Water into Wine

JOHN 2

There was a wedding in the village of Cana in Galilee. Jesus' mother was there. Jesus and his disciples were guests also. When they started running low on wine at the wedding banquet, Jesus' mother told the servants, "Whatever he tells you, do it."

Six stoneware water pots were there, used by the Jews for washing. Each held twenty to thirty gallons. Jesus ordered the servants, "Fill the pots with water." And they filled them to the brim.
"Now fill your pitchers and take them to the host,"
Jesus said, and they did.

When the host tasted the water that had become wine (he didn't know what had just happened but the servants, of course, knew), he called out to the bridegroom, "Everybody I know begins with their finest wines and after the guests have had their fill brings in the cheap stuff. But you've saved the best till now!"
This act in Cana of Galilee was the first sign Jesus gave, the first glimpse of his glory. And his disciples believed in him.

주기도문

　예수님은 제자들에게 하나님의 사랑 안에서 진실하게 사는 법을 가르치셨어요. 그리고 하나님은 항상 우리 곁에 계시면서 모든 일을 도와주신다 말씀하셨어요.

　"하나님에게 기도할 때에는 이렇게 하여라. 먼저 아주 조용한 곳을 찾아라. 그리고 최대한 솔직한 모습으로 기도하라. 우리의 마음이 하나님에게 전달되면 하나님의 은혜와 사랑을 느낄 수 있단다. 하나님은 우리의 기도를 반드시 들어주신단다. 우리에게 필요한 것이 무엇인지 아주 잘 아시는 분이기 때문이란다. 우리를 사랑하는 하나님에게 다음과 같이 기도해 보아라."

하늘에 계신 우리 아버지여,

이름이 거룩히 여김을 받으소서.

아버지의 나라가 이루어지게 하소서.

아버지의 뜻이 하늘에서처럼 이 세상에서도 이루어지게 하

소서.

오늘 우리에게 필요한 양식을 주소서.

우리가 우리에게 잘못한 사람을 용서해 준 것처럼 우리 죄를

용서하여 주소서.

우리를 시험에 빠지지 않게 하시고 악에서 구하소서.

아버지는 나라와 권세와 영광을 가지고 계십니다.

아멘. 아멘. 아멘.

또 예수님은 말씀하셨어요.

"하나님에게 마음을 다하기로 결심했느냐? 그렇다면 살아 계신 하나님에게 예배를 드려라. 오늘은 무엇을 먹을까, 어떤 옷을 입을까, 아무런 걱정도 하지 말고 주님을 경배하여라. 하나님은 우리가 무엇이 필요한지 다 알고 계신단다. 더불어 우

리가 이 세상에서 아무런 걱정 없이 살기를 바라신단다. 온전히 하나님만 바라보고 섬겨라. 그러면 하나님이 다 해결해 주실 것이다. 그러므로 앞으로의 일을 걱정할 필요가 없단다."

The Lord's Prayer

MATTHEW 6

Jesus taught his disciples how to live simply in the loving care of God. He said:

"Be especially careful when you are trying to be good so that you don't make a performance out of it. It might be a good play, but the God who made you won't be applauding.

When you do something for someone else, don't call attention to yourself. When you help someone out, don't think about how it looks. Just do it–quietly and without a show. That is the way your God, who made you in love, working behind the scenes, helps you out.

And when you come before God to pray, here's what I want you to do: Find a quiet, secluded place. Just be there as simply and honestly as you can manage. The focus will shift from you to God, and you will begin to sense his grace.

This is your Father you are dealing with, and he knows better than you what you need. With a God like this loving you, you can pray very simply. Like this:

Our Father in heaven,
Reveal who you are.

Set the world right;

Do what's best—as above, so below.

Keep us alive with three square meals.

Keep us forgiven with you and forgiving others.

Keep us safe from ourselves and the Devil.

You're in charge!

You can do anything you want!

You're ablaze in beauty!

Yes. Yes. Yes.

If you decide for God, living a life of God-worship, it follows that you don't fuss about what's on the table at mealtimes or whether the clothes in your closet are in fashion. There is far more to your life than the food you put in your stomach, more to your outer appearance than the clothes you hang on your body. Look at the birds, careless in the care of God. And you count far more to him than birds.

Has anyone by fussing in front of the mirror ever gotten taller by so much as an inch? All this time and money wasted on fashion—do you think it makes that much difference? Instead of looking at the fashions, walk out into the fields and look at the wildflowers. The ten best-dressed men and women in the country look shabby alongside them.

If God gives such attention to the appearance of wildflowers—most of which are never even seen—don't you think he'll attend to you, take pride in you, do his best for you? What I'm trying to do here is to get you to relax; you'll find all your everyday human concerns will be met."

바다를 잠재우신 예수님

예수님의 말씀을 들으러 오는 사람들이 점점 더 많아졌어요.

그래서 예수님은 제자들에게 호수 건너편으로 가자고 말씀하

셨어요. 예수님과 제자들은 함께 배를 탔는데, 얼마 되지 않아

강한 바람이 쌩쌩 불기 시작했어요! 거센 파도가 배를 삼킬 듯이 철썩철썩했어요. 하지만 예수님은 곤히 주무시는 게 아니겠어요? 제자들은 애원하며 예수님을 깨웠어요.

"예수님, 제발 우리를 구해 주세요! 배가 가라앉고 있어요!"

그러자 예수님이 제자들을 꾸짖으셨어요.

"왜 이렇게 겁이 많고 마음이 약하느냐? 바람아, 파도야, 잠잠해져라!"

예수님이 말씀하시자, 바람과 파도가 고요해졌어요. 제자들은 이 놀라운 광경에 두 눈을 쓱쓱 비볐어요.

"우와~ 어떻게 된 거지?"

어느 날 예수님과 제자들은 다시 배를 탔어요. 바다를 건너 예수님의 고향으로 갔지요. 예수님과 제자들이 배에서 내리자, 사람들이 병에 걸려 걷지 못하는 남자를 데려왔어요. 예수님은 사람들의 믿음을 보시고 감동을 받아 그 남자에게 말씀하셨어요.

"형제여, 안심하여라. 내가 너의 죄를 용서하노라."

이것을 본 율법 학자들이 수군거렸어요.

'저 사람은 누구지? 자신이 하나님이라고 생각하는 건가?'

예수님은 율법 학자들의 생각을 알고는 다시 남자에게 말씀하셨어요.

"이제 일어나 집으로 돌아가거라."

그러자 걷지 못했던 남자가 벌떡 일어나 집으로 돌아갔어요. 사람들은 하나님이 예수님에게 이러한 능력을 주신 것이 놀랍고 기뻤어요.

Jesus Calms the Sea

MATTHEW
8~9

When Jesus saw that a curious crowd was growing by the minute, he told his disciples to take him to the other side of the lake. Then he got in a boat, his disciples with him. The next thing they knew, they were in a severe storm. Waves were crashing into the boat–and Jesus was sound asleep! They woke him, pleading, "Master, save us! We're going down!"

Jesus scolded them. "Why are you such cowards, such faint-hearts?" Then he stood up and told the wind to be silent, the sea to quiet down: "Silence!" The sea became smooth as glass.

The men rubbed their eyes, astonished. "What's going on here? Wind and sea at his command!"

Back in the boat, Jesus and the disciples recrossed the sea to Jesus' hometown. They were hardly out of the boat when some men carried a crippled man on a stretcher and set him down in front of them. Jesus, impressed by their bold belief, said to the crippled man, "Cheer up, son. I forgive your sins." Some religion scholars whispered, "Why, he can't do that!"

Jesus knew what they were thinking, and said, "Why this whispering?

Which do you think is simpler: to say, 'I forgive your sins,' or, 'Get up and walk'? Well, just so it's clear that I'm the Son of Man and authorized to do either, or both······." At this he turned to the crippled man and said, "Get up. Take your bed and go home." And the man did it. The crowd was surprised, amazed, and pleased that God had given authority to Jesus to work among them this way.

오병이어의 기적

예수님은 갈릴리 바다 건너편으로 가셨어요. 엄청나게 많은 사람이 예수님을 따랐지요. 사람들은 아픈 사람을 치료해 주시는 예수님의 기적에 놀랐어요.

유대 사람들의 큰 행사인 유월절이 가까워진 때였어요. 예수님은 많은 사람이 모인 것을 보고 빌립에게 말씀하셨어요.

"이 사람들에게 나누어 줄 수 있는 음식을 어디에서 살 수 있겠느냐?"

예수님은 빌립의 믿음
을 시험하기 위해 말씀하신
거였어요. 그러나 예수님은
빌립이 어떻게 대답할지를
이미 알고 계셨지요.

"예수님! 이 많은 사람에게 한 조각씩 나누어 줄 수
있는 음식을 사려면 은화 200개로도 모자라요."

그때 제자들 가운데 시몬 베드로의 형제 안드레가 말했어요.
"여기 어린 소년이 빵 다섯 개와 물고기 두 마리를 가져왔어
요. 하지만 여기 모인 사람들이 먹기엔 턱없이 부족해요."

그러자 예수님이 말씀하셨어요.

"모두 다 앉게 하거라."

언덕의 푸른 잔디에는 5천 명 정도 되는 사람이 예수님의 말씀대로 앉았어요. 예수님은 소년의 빵을 가져다가 하나님에게 감사의 기도를 드리고는 사람들에게 나누어 주기 시작했어요. 물고기도 나누어 주셨지요. 모든 사람이 음식을 맛있게 먹고 배가 불렀어요. 예수님이 제자들에게 말씀하셨어요.

"이제 먹고 남은 것은 버리지 말고 모두 모아 두어라."

그랬더니 큰 광주리 열두 개에 차고도 넘쳤어요. 분명 처음에는 빵 다섯 개와 물고기 두 마리뿐이었는데 말이에요!

Bread and Fish for All

JOHN 6

Jesus went across the Sea of Galilee. A huge crowd followed him, attracted by the miracles they had seen him do among the sick. When he got to the other side, he climbed a hill and sat down, surrounded by his disciples. It was nearly time for the Feast of Passover, kept annually by the Jews.

When Jesus looked out and saw that a large crowd had arrived, he said to Philip, "Where can we buy bread to feed these people?" He said this to stretch Philip's faith. He already knew what he was going to do.

Philip answered, "Two hundred silver coins wouldn't be enough to buy bread for each person to get a piece."

One of the disciples–it was Andrew, brother to Simon Peter–said, "There's a little boy here who has five barley loaves and two fish. But that's a drop in the bucket for a crowd like this."

Jesus said, "Make the people sit down." There was a nice carpet of green grass in this place. They sat down, about five thousand of them. Then Jesus took the bread and, having given thanks, gave it to those who were seated. He did the same with the fish. All ate as much as they wanted.

When the people had eaten their fill, he said to his disciples, "Gather the leftovers so nothing is wasted." They went to work and filled twelve large baskets with leftovers from the five barley loaves.

선한 사마리아 사람

어떤 율법 학자는 예수님을 시험하기 위해 질문을 했어요.

"선생님, 영원한 생명을 얻기 위해서는 어떻게 해야 하나요?"

"율법에는 어떻게 쓰여 있느냐?"

"온몸과 마음을 다해 하나님을 사랑하면 되지요. 자신을 사랑하는 것처럼 이웃도 사랑하고요."

"훌륭하구나! 그대로 행동하거라. 그러면 영원한 생명을 얻을 수 있단다."

율법 학자는 뽐내고 싶은 마음에 예수님에게 다시 물었어요.

"그렇다면 우리의 이웃은 누구인가요?"

예수님은 하나의 이야기를 통해 대답해 주셨어요.

"예루살렘에서 여리고로 여행하는 사람이 있었단다. 그런데 가는 길에 나쁜 강도를 만났지. 강도는 남자의 옷을 벗기고 마구 때리고 가버렸어. 그때 마침 한 제사장이 그 길을 지나가게 되었단다. 제사장은 강도를 만난 남자를 보고 다른 쪽으로 돌아가 버렸지. 믿음이 신실한 레위 사람도 다친 남자를 피해 재빨리 지나갔단다. 이번에는 한 사마리아 사람이 다친 남자를 발견하고 그를 도와주었지. 상처를 치료하고는 편히 쉬게 여관으로 데려다 주었지. 이 세 사람 중에 강도를 만난 남자의 진짜 이웃은 누구겠느냐?"

"당연히 친절한 사마리아 사람이지요."

"이제 알겠느냐? 너도 가서 이 사마리아 사람처럼 이웃에게 행하여라."

The Good Samaritan

LUKE 10

A religion scholar stood up with a question to test Jesus. "Teacher, what do I need to do to get eternal life?"

He answered, "What's written in God's Law? How do you understand it?"

The scholar said, "That you love the Lord your God with all your passion and prayer and muscle and mind—and that you love your neighbor as well as you do yourself."

"Good answer!" said Jesus. "Do it and you'll live."

Looking for a way out, he asked, "And just how would you define 'neighbor'?"

Jesus answered by telling a story. "There was once a man traveling from Jerusalem to Jericho. On the way he was attacked by robbers. They took his clothes, beat him up, and went off leaving him half-dead. Luckily, a priest was on his way down the same road, but when he saw him he moved across to the other side. Then a Levite religious man showed up; he also avoided the injured man.

A Samaritan traveling the road came on him. When he saw the man's condition, his heart went out to him. He gave him first aid, washing and bandaging his wounds. Then he lifted him onto his donkey, led him to an inn, and made him comfortable. In the morning he took out two silver coins and gave them to the innkeeper, saying, 'Take good care of him. If it costs any more, put it on my bill–I'll pay you on my way back.'

What do you think? Which of the three became a neighbor to the man attacked by robbers?"
"The one who treated him kindly," the religion scholar responded.
Jesus said, "Go and do the same."

돌아온 아들

어떤 사람에게 두 아들이 있었어요. 어느 날, 둘째 아들이 아버지에게 말했어요.

"아버지, 저에게 남겨 주시려는 재산을 지금 나누어 주세요."

"알겠다. 네가 원한다면 네 몫을 미리 나누어 주마."

그런데 돈을 받자 둘째 아들은 집을 떠나 버렸어요.

둘째 아들은 다른 동네로 가서 돈을 마구 써 버렸어요. 게다가 그 동네는 심각한 흉년이 들어서 아무것도 먹지 못하고 하루 종일 쫄쫄 굶어야 했어요.

'아이고, 배고파! 무슨 일이든 해야지 안 되겠다. 이대로는 굶어 죽겠어.'

결국 둘째 아들은 돼지에게 먹이 주는 일을 했어요. 그는 배가 너무 고파서 돼지 먹이에 섞여 있는 옥수수 알갱이를 먹기도 했어요. 그렇게 돼지 먹이를 먹던 둘째 아들은 정신을 차렸어요.

'아버지 농장에서 일하는 사람들도 하루에 세 끼는 먹는데, 나는 여기에서

굶고 있다니! 아버지에게 돌아가야지 안 되겠다. 가서 용서를 빌고 짐꾼으로라도 써 달라고 부탁을 해야겠다.'

그는 곧바로 길을 떠나 집으로 향했어요.

한편, 아버지는 둘째 아들이 걱정되어 근심스러운 나날을 보내고 있었어요. 바로 그때, 저 멀리서 둘째 아들이 집으로 돌아오는 모습이 보였어요. 아버지는 가슴이 쿵쾅쿵쾅 뛰었어요. 황급히 뛰어가 둘째 아들을 껴안고 입을 맞추었어요. 아들이 말했어요.

"아버지, 저는 하나님과 아버지에게 죄를 지었어요. 이제 저는 아버지의 아들이라고 불릴 자격이 없어요."

그렇지만 아버지는 아들의 말에 귀 기울이지 않았어요. 급히 하인들을 불러 이야기했지요.

"깨끗한 옷을 가져 와서 내 아들에게 입혀라. 반지를 손가락에 끼우고, 발에는 신발을 신겨라. 살찐 송아지를 잡아서 잔치를 열자꾸나! 즐거운 날이니 모두 먹고 함께 즐기자! 죽은 줄만 알았던 아들이 살아 돌아왔다!"

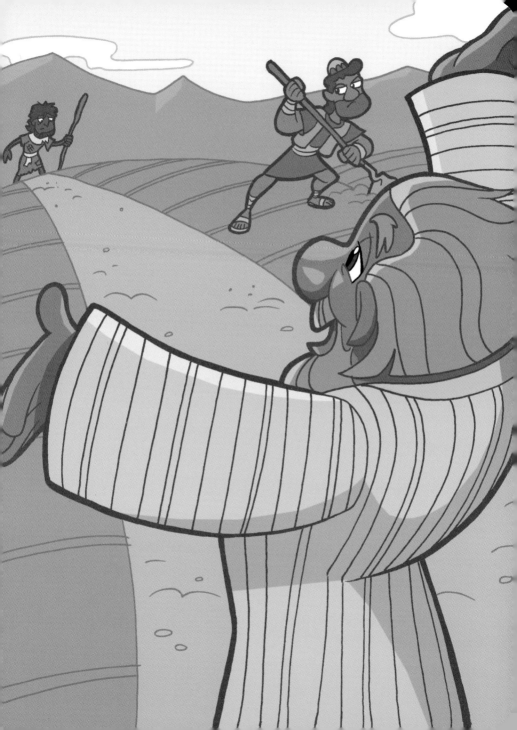

그렇게 모두가 즐거운 시간을 보내고 있을 때였어요. 큰아들이 하루 일과를 마치고 집에 돌아오고 있었지요. 집 가까이 오니 음악 소리와 함께 시끌벅적 떠드는 소리가 들렸어요. 큰아들은 하인을 불러 물어보았어요.

"우리 집에 무슨 좋은 일이라도 생겼느냐?"

"둘째 도련님이 돌아오셨어요! 주인님이 무사히 돌아왔다고 기뻐하며 잔치를 여셨답니다."

"뭐라고? 동생이 돌아왔다고? 게다가 아버지가 기뻐서 잔치를 여셨다고? 이런 말도 안 되는 일이…. 됐어! 난 들어가지 않겠어!"

잠시 후, 아버지가 잔뜩 화가 난 큰아들을 달래 보았어요.

"애야, 너도 와서 잔치에 참여하렴. 네 동생이 무사히 돌아왔단다. 이보다 더 좋은 일이 어디 있겠니?"

하지만 큰아들은 아버지의 말을 듣지 않았어요.

"아버지, 제가 몇 년 동안이나 이곳에서 아버지를 도왔는지 생각해 보세요. 저는 아버지를 속상하게 한 적이 단 한 번도 없었다고요! 그런데 저를 위해 잔치를 열어 주신 적 있나요? 그런데 오히려 아버지의 돈을 다 써버린 못난 아들이 돌아오니 잔치를 여시는군요!"

"아들아, 너는 알지 못하는구나. 너는 항상 나와 함께하니 내 것이 다 너의 것이다. 하지만 죽은 줄로만 알았던 네 동생이 이렇게 살아서 돌아왔으니 동생을 다시 찾은 기쁜 날이잖니? 당연히 함께 기뻐하고 즐거워해야 한단다. 축하를 해야만 하는 일이지."

The Prodigal Son

LUKE 15

There was once a man who had two sons. The younger said to his father, "Father, I want right now what's coming to me."

So the father divided the property between them. It wasn't long before the younger son packed his bags and left for a distant country.

There he wasted everything he had. After he had gone through all his money, there was a bad famine all through that country and he began to hurt. He signed on with a citizen there who assigned him to his fields to feed the pigs. He was so hungry he would have eaten the corncobs in the pig food, but no one would give him any.

That brought him to his senses. He said, "All those farmhands working for my father sit down to three meals a day, and here I am starving to death. I'm going back to my father. I'll say to him, 'Father, I've sinned against God, I've sinned before you; I don't deserve to be called your son. Take me on as a hired hand.'"

He got right up and went home to his father.

When he was still a long way off, his father saw him. His heart pounding, he ran out, embraced him, and kissed him. The son started his speech:

"Father, I've sinned against God, I've sinned before you; I don't deserve to be called your son ever again."

But the father wasn't listening. He was calling to the servants, "Quick. Bring a clean set of clothes and dress him. Put the family ring on his finger and sandals on his feet. Then get a grain-fed heifer and roast it. We're going to feast! We're going to have a wonderful time! My son is here–given up for dead and now alive! Given up for lost and now found!" And they began to have a wonderful time.

All this time his older son was out in the field. When the day's work was done he came in. As he approached the house, he heard the music and dancing. Calling over one of the houseboys, he asked what was going on. He told him, "Your brother came home. Your father has ordered a feast because he has him home safe and sound."

The older brother stalked off in an angry mood and refused to join in. His father came out and tried to talk to him, but he wouldn't listen. The son said, "Look how many years I've stayed here serving you, never giving you one moment of grief, but have you ever thrown a party for me and my friends? Then this son of yours who has thrown away your money shows up and you go all out with a feast!"

His father said, "Son, you don't understand. You're with me all the time, and everything that is mine is yours–but this is a wonderful time, and we had to celebrate. This brother of yours was dead, and he's alive! He was lost, and he's found!"

천국 비유

예수님은 재미있는 이야기를 통해서 여러 가지 가르침을 주셨어요.

"어느 날, 농부가 씨앗을 여기저기 뿌렸단다. 그중에 길거리에 떨어진 씨앗은 새가 날아와 덥석 먹어 버렸지. 어떤 씨앗은 울퉁불퉁한 자갈밭에 떨어져서 금방 싹이 나왔지만, 뿌리는 깊이 내리지 못했단다. 또 어떤 씨앗은 잡초밭에 떨어져서 싹이 나왔지만, 잡초와 뒤엉켜서 결국에는 열매를 맺지 못했단다. 마지막으로, 어떤 씨앗은 비옥하고

좋은 땅에 떨어졌지. 이 씨앗은 어떻게 되었을까? 풍성한 열매
를 주렁주렁 맺었단다."

말씀을 전하신 후, 제자들은 예수님에게 물어보았어요.

"예수님, 방금 전하신 씨앗 이야기가 무엇을 의미하나요?"

"너희는 하나님 나라의 비밀을 알아야 한단다. 내가 하는 모든 이야기는 하나님 나라와 연결되어 있지. 농부의 씨앗은 말씀을 의미하지. 길거리의 딱딱한 땅은 마음이 딱딱한 사람이야. 이런 사람은 하나님의 말씀을 들어도 그 말씀이 뿌리 내리기 전에 사탄이 낚아채 가 버린단다. 자갈밭에 뿌려진 씨앗 같은 사람은 처음에는 말씀을 열정적으로 믿지만 어려움이 오면 금방 넘어진단다. 잡초 밭에 뿌려진 씨앗 같은 사람은 하나님의 말씀은 듣지만 항상 걱정과 욕심으로 가득 차 결국 결실을 맺지 못한단다. 마지막으로 비옥하고 좋은 땅에 뿌려진 씨앗 같은 사람은 말씀을 듣고 그대로 믿는 사람을 의미한단다. 즉 자신의 소중한 꿈을 담은 열매를 한가득 맺는 사람이란다."

예수님이 또 말씀하셨어요.

하나님 나라는 농부가 밭에 뿌린 씨앗과 같단다. 농부는 씨앗을 뿌리고 밤이 되면 쿨쿨 잠들지. 씨앗에 대해서는 까맣게 잊어버리고 말이지. 그때 씨앗은 홀로 싹을 틔우고 무럭무럭

자란단다. 이처럼 땅은 스스로 열매를 맺는단다. 처음에는 푸른 싹이 나오고 그다음에는 이삭이 나오고 알알이 꽉 찬 곡식이 되지. 곡식이 완전히 익으면 농부가 낫으로 곡식을 싹둑 베어낸단다. 바로 수확할 시간이 되었기 때문이야. 그렇다면 하나님 나라를 어떻게 그릴 수 있을까? 어떤 이야기로 표현할 수 있을까? 하나님 나라는 겨자 나무의 씨앗과도 같단다. 이 씨앗은 '후~' 하고 불면 날아갈 정도로 아주 조그맣단다. 그렇지만 한번 싹이 나기 시작하면 곧 커다란 나무로 자라지. 두꺼운 가지가 쭉쭉 뻗어 나가 무성해진단다."

Seeds, Lamps, and a Harvest

Jesus went back to teaching by the sea. A crowd built up to such a great size that he had to get into a boat, using the boat as a pulpit while the people pushed to the water's edge. He taught by using stories, many stories. "Listen. What do you make of this? A farmer planted seed. As he scattered the seed, some of it fell on the road and birds ate it. Some fell in the gravel; it sprouted quickly but didn't put down roots, so when the sun came up it withered just as quickly. Some fell in the weeds; as it came up, it was strangled among the weeds and nothing came of it. Some fell on good earth and produced a harvest exceeding his wildest dreams.

Are you listening to this? Really listening?"

When they were off by themselves, those who were close to Jesus, along with the Twelve, asked about the stories. He told them, "You've been given insight into God's kingdom. Do you see how this story works? All my stories work this way.

The farmer plants the Word. Some people are like the seed that falls on the hardened soil of the road. No sooner do they hear the Word than Satan snatches away what has been planted in them.

And some are like the seed that lands in the gravel. When they first hear the Word, they respond with great enthusiasm. But when the emotions wear off and some difficulty arrives, there is nothing to show for it.

The seed cast in the weeds represents the ones who hear the kingdom news but are overwhelmed with worries about all the things they have to do and all the things they want to get. The stress strangles what they heard, and nothing comes of it.

But the seed planted in the good earth represents those who hear the Word, believe it, and produce a harvest beyond their wildest dreams."

Jesus went on: "Does anyone bring a lamp home and put it under a washtub or beneath the bed? Don't you put it up on a table or on the mantel? We're not keeping secrets, we're telling them; we're not hiding things, we're bringing them out into the open.

Are you listening to this? Really listening?"

Then Jesus said, "God's kingdom is like seed thrown on a field by a man who then goes to bed and forgets about it. The seed sprouts and grows–he has no idea how it happens. The earth does it all without his help: first a green stem of grass, then a bud, then the ripened grain. When the grain is fully formed, he reaps–harvest time!

How can we picture God's kingdom? What kind of story can we use? It's like a pine nut. When it lands on the ground it is quite small as seeds go, yet once it is planted it grows into a huge pine tree with thick branches. Eagles nest in it."

With many stories like these, he presented his message to them. He was never without a story when he spoke.

삭개오

예수님이 여리고 마을을 지나가고 계셨어요. 그 마을에는
'삭개오'라는 사람이 살고 있었어요. 삭개오는 세금을 걷는
관리였어요. 돈이 어마어마하게 많은 부자였지요. 삭개오는
한 번만이라도 예수님의 얼굴을 보고 싶었어요.

하지만 예수님은 항상 많은 사람에게 '빙~' 둘러싸여 있었지요.

'나는 키가 작아서 도무지 예수님을 볼 수가 없구나. 옳지, 저 나무 위로 올라가 보자. 높은 곳에서는 잘 보일지도 몰라!'

그래서 삭개오는 길가에 있는 돌무화과 나무 위로 올라갔어요.

'와! 여기서는 예수님이 잘 보인다. 나무 위로 올라오길 잘했구나. 어? 근데 예수님이 이쪽으로 오고 계시잖아!'

예수님은 삭개오를 올려다보며 말씀하셨어요.

"삭개오야, 어서 내려오너라. 나는 오늘 너의 집에서 쉬고 가야겠구나."

삭개오는 뛸 듯이 기뻤어요. 이를 지켜보던 사람들은 모두 화가 나서 투덜거렸어요.

"쳇, 예수님은 도대체 왜 저런 사기꾼의 집에 가시려는 걸까?"

집에 도착한 삭개오는 예수님에게 말씀드렸어요.

"선생님, 이제부터 제가 버는 돈의 절반을 가난한 사람들에게 나누어 주겠어요. 그리고 사람들을 속여 돈을 번다면, 그 사람이 손해를 본 것의 네 배로 갚겠어요."

그러자 예수님이 말씀하셨어요.

"오늘은 이 집에 구원이 있는 날이구나! 너도 아브라함의 자손이다. 나는 잃어버린 사람들을 찾아 구원하기 위해 이곳에 왔단다."

Zacchaeus

LUKE 19

Jesus entered and walked through the town of Jericho. There was a man there, his name Zacchaeus, the head tax man and quite rich. He wanted desperately to see Jesus, but the crowd was in his way–he was a short man and couldn't see over the crowd. So he ran on ahead and climbed up in a sycamore tree so he could see Jesus when he came by.

When Jesus got to the tree, he looked up and said, "Zacchaeus, hurry down. Today is my day to be a guest in your home."

Zacchaeus scrambled out of the tree, hardly believing his good luck, delighted to take Jesus home with him. Everyone who saw the incident was angry and grumped, "What business does he have getting cozy with this crook?"

Zacchaeus just stood there, a little stunned. He stammered apologetically, "Master, here and now I give away half my income to the poor–and if I'm caught cheating, I pay four times the damages."

Jesus said, "Today is salvation day in this home! Here he is: Zacchaeus, son of Abraham! For the Son of Man came to find and restore the lost."

예루살렘 성전에 가신 예수님

예루살렘에 가까이 왔을 때, 예수님이 두 제자에게 말씀하셨어요.

"건너편에 있는 마을로 가거라. 그곳에 어미 나귀와 그 나귀의 새끼가 함께 있을 것이다. 그 나귀를 풀어서 내게로 끌고 오너라."

이것은 일찍이 예언자가 말한 것을 이루려고 하신 것이었어요.

"보라, 우리의 왕이 오신다. 그는 겸손하여 나귀의 새끼를 타고 오신다."

제자들은 건너편 마을로 갔어요. 예수님이 말씀하신 대로 나

귀의 새끼를 끌고 왔지요. 그리고 자신들의 옷으로 나귀의 등을 덮었어요. 그러자 예수님이 나귀에 올라타 행진을 시작하셨어요. 길가에 나와 있던 사람들은 옷을 벗어 바닥에 깔았어요. 또 어떤 사람들은 나뭇가지를 꺾어 바닥에 깔았어요. 예수님에게 환영 인사를 하는 것이었지요.

"호산나! 다윗의 자손이여! 하나님의 이름으로 오신 이여, 복이 있으리라!"

예수님이 예루살렘으로 들어오시자 온 도시가 들썩거렸어요. 그러자 사람들이 물었어요.

"대체 무슨 일이야? 나귀를 탄 저 사람은 누구지?"

그러자 예수님을 따르는 사람들이 대답했어요.

"우리의 선지자 예수님이세요. 갈릴리 나사렛에서 오셨지요."

예수님은 곧바로 성전으로 들어가셨어요. 성전 안에서는 사람들이 물건을 사고팔고 있었지요. 이것을 보고 화가 나신 예

수님은 사람들을 모두 쫓아 버리셨어요.

"내 집은 기도를 하기 위해 지어진 집이다. 그런데 너희는 이곳을 도둑의 소굴로 만들었구나!"

얼마 뒤에는 눈이 먼 사람들과 다리를 저는 사람들이 예수님을 찾아 성전에 들어왔어요. 예수님은 아픈 사람들을 치료해

낮게 해 주셨어요. 대제사장들은 예수님이 행하는 기적을 보았어요.

"호산나! 다윗의 자손이여!"

아이들은 손을 높이 들고 소리쳤어요. 이 모습을 본 대제사장들이 예수님에게 이야기했어요.

"아이들이 당신을 찬양하는 소리가 들립니까?"

"물론이지요. 당신들은 하나님의 말씀에서 읽지 못했나요? 하나님은 이미 젖 먹는 아기들과 어린아이들의 입에서도 찬양이 나올 것이라고 했지요."

The Triumphal Entry and Jesus in the Temple

MATTHEW 21

When they neared Jerusalem, Jesus sent two disciples with these instructions: "Go over to the village across from you. You'll find a donkey there, her colt with her. Untie her and bring them to me. If anyone asks what you're doing, say, 'The Master needs them!' He will send them with you."

This is the full story of what was sketched earlier by the prophet:
"Look, your king's on his way,
Riding on a donkey."

The disciples went and did exactly what Jesus told them to do. They led the donkey and colt out, laid some of their clothes on them, and Jesus began to ride. Nearly all the people in the crowd threw their garments down on the road, giving him a royal welcome. Others cut branches from the trees and threw them down as a welcome mat.

Crowds went ahead and crowds followed, all of them calling out, "Hosanna to David's son!", "Blessed is he who comes in God's name!", "Hosanna in highest heaven!"

As he made his entrance into Jerusalem, the whole city was shaken. Unnerved, people were asking, "What's going on here? Who is this?" The parade crowd answered, "This is the prophet Jesus, the one from Nazareth in Galilee."

Jesus went straight to the Temple and threw out everyone who was buying and selling. He kicked over the tables of dishonest money lenders and the stalls of dove merchants. He quoted this text:
"My house was created a house of prayer;
You have made it a hangout for thieves."

Now there was room for the blind and crippled to get in. They came to Jesus and he healed them.
When the religious leaders saw the outrageous things he was doing, and heard all the children running and shouting through the Temple, "Hosanna to David's Son!" they were up in arms. "Do you hear what these children are saying?"
Jesus said, "Yes, I hear them. And haven't you read in God's Word, 'From the mouths of children and babies I'll create a place of praise'?

제자들의 발을 씻어 주신 예수님

유월절 전날이었어요. 예수님은 이제 이 세상을 떠나 하늘에 계신 하나님 아버지에게로 돌아갈 때가 된 것을 아셨어요. 예수님은 제자들을 끝까지 아끼고 사랑하셨지요.

저녁 식사 시간이 되었어요. 예수님은 식사 자리에서 일어나서서 겉옷을 벗고 수건을 허리에 두르셨어요. 그러고는 대야에 물을 붓고 제자들의 발을 씻기기 시작하셨어요. 수건으로 젖은 발도 닦아 주셨어요. 베드로의 순서가 되자, 베드로가 예수님에게 물었어요.

"예수님, 왜 제 발을 닦아 주시나요?"

"지금은 내가 무슨 일을 하는지 이해하지 못할 것이다. 그러나 나중에는 알게 될 것이다."

그러자 베드로가 고집을 부렸어요.

"아니에요. 제 발은 절대로 씻어 주지 마세요."

"내가 너의 발을 씻어 주지 않으면, 너는 나와 아무런 상관이 없는 사람이 된단다."

"그렇다면 예수님! 제 발만 씻어 주지 마시고 제 손과 머리도 씻어 주세요."

"아침에 목욕을 했다면, 지금은 발만 씻어도 된다. 내가 신경 쓰는 것은 발에 있는 먼지가 아닌 마음의 깨끗함이거든. 자, 이제 너는 깨끗해졌다."

예수님은 제자들의 발을 다 씻어 주신 뒤에 말씀하셨어요.

"이제 너희 차례이다. 주인보다 높은 위치에 있는 하인은 없다. 하인은 주인에게 명령하지 못해. 도움을 받은 자는 도움을 준 자보다 크지 않단다. 내가 한 말을 이해한다면, 그대로 행하거라. 그렇게 하면 축복받는 삶을 살 수 있단다."

Jesus washes the Disciples' Feet

JOHN 13

Just before the Passover Feast, Jesus knew that the time had come to leave this world to go to the Father. Having loved his dear friends, he continued to love them right to the end. It was suppertime. Jesus knew that the Father had put him in complete charge of everything, that he came from God and was on his way back to God. So he got up from the supper table, set aside his robe, and put on an apron. Then he poured water into a basin and began to wash the feet of the disciples, drying them with his apron. When he got to Simon Peter, Peter said, "Master, you wash my feet?"

Jesus answered, "You don't understand now what I'm doing, but it will be clear enough to you later."

Peter persisted, "You're not going to wash my feet–ever!"

Jesus said, "If I don't wash you, you can't be part of what I'm doing."

"Master!" said Peter. "Not only my feet, then. Wash my hands! Wash my head!"

Jesus said, "If you've had a bath in the morning, you only need your feet washed now and you're clean from head to toe. My concern, you understand, is holiness, not hygiene. So now you're clean." After he had finished washing their feet, he took his robe, put it back on, and went back to his place at the table.

Then he said, "Do you understand what I have done to you? You address me as 'Teacher' and 'Master,' and rightly so. That is what I am. So if I, the Master and Teacher, washed your feet, you must now wash each other's feet. I've laid down a pattern for you. What I've done, you do. I'm only pointing out the obvious. A servant is not ranked above his master; an employee doesn't give orders to the employer. If you understand what I'm telling you, act like it–and live a blessed life."

마지막 만찬

유월절이 다가오자, 제자들은 예수님의 말씀에 따라 유월절 식사를 준비했어요.

해가 뉘엿뉘엿 저물 때였어요. 예수님과 열두 제자가 탁자에 둘러앉았어요. 함께 식사하면서 예수님이 말씀하셨어요.

"내가 너희에게 할 말이 있단다. 너희 중에 한 명이 나를 팔아넘길 것이다. 나를 죽이려는 사람들에게로 말이지."

제자들은 깜짝 놀라 수군거렸어요. 모두 예수님에게 물어보기 시작했어요.

"예수님, 그 사람이 설마 저는 아니지요?"

"저도 아니지요? 감히 예수님을 팔아넘기다니요!"

그러자 예수님이 대답하셨어요.

"나와 함께 그릇에 손을 넣는 사람이 나를 팔아넘길 것이다. 성경에 쓰인 대로 되는 것이니 놀랄 것이 없단다. 나를 팔아넘기는 그 사람에게는 저주가 있을 것이다."

그러자 이미 예수님을 배신한 유다가 말했어요.

"예수님, 그 사람이 저는 아니지요?"

식사를 하는 동안 예수님은 빵을 들어 축복하셨어요. 그러고 나서 빵을 뜯어 제자들에게 나누어 주셨어요.

"이 빵을 받아서 먹어라. 이것은 내 살이다."

또 포도주 잔을 들어 하나님에게 감사 기도를 드리고 제자들에게 주셨어요.

"이 잔을 다 마셔라. 이것은 죄를 용서하기 위하여 많은 사람을 위해 흘리는 나의 피, 곧 언약의 피니라."

예수님과 제자들은 찬송을 부르며 겟세마네 동산으로 갔어요.

The Last Supper

MATTHEW 26

On the Festival of Unleavened Bread, the disciples came to Jesus and said, "Where do you want us to prepare your Passover meal?"

He said, "Enter the city. Go up to a certain man and say, 'The Teacher says, My time is near. I and my disciples plan to celebrate the Passover meal at your house.'" The disciples followed Jesus' instructions to the letter, and prepared the Passover meal.

After sunset, he and the Twelve were sitting around the table. During the meal, he said, "I have something hard but important to say to you: One of you is going to hand me over to the men who want to kill me." They were stunned, and then began to ask, one after another, "It isn't me, is it, Master?"

Jesus answered, "The one who hands me over is someone I eat with daily, one who passes me food at the table. In one sense the Son of Man is going to experience things well-marked by the Scriptures—no surprises here. In another sense that man who turns him in, turns traitor to the Son of Man—better never to have been born than do this!"

Then Judas, already turned traitor, said, "It isn't me, is it, Rabbi?"

Jesus said, "Don't play games with me, Judas."

During the meal, Jesus took and blessed the bread, broke it, and gave it to his disciples:

"Take, eat. This is my body."

Taking the cup and thanking God, he gave it to them:
"Drink this, all of you.
This is my blood,
God's new covenant poured out for many people
for the forgiveness of sins.
I'll not be drinking wine from this cup again until that new day when I'll drink with you in the kingdom of my Father."
They sang a hymn and went directly to Mount Olives.

배신당한 예수님과 재판

예수님은 제자들과 함께 겟세마네 동산으로 가셨어요.
"내가 저쪽에서 기도할 동안 너희는 여기서 기도하여라."
예수님은 베드로와 세베대의 두 아들만 데리고 가셨어요.
"너희는 이곳에서 나를 위해 기도하여라."

조금 앞서 가신 예수님은 머리를 숙이고 기도하셨어요.
"하나님 아버지, 만일 방법이 있다면 저를 이 상황에서 벗어나게 해 주십시오. 그러나 제가 원하는 대로가 아닌 아버지의 뜻대로 되길 원합니다."

기도를 마치신 후에 예수님은 제자들이 있는 곳으로
돌아오셨어요. 그런데 제자들은 어느새 쿨쿨 잠들어 있
었어요.
예수님이 제자들에게 말씀하셨어요.
"이제 시간이 되었다. 나는 죄인들의 손에 넘어갈 것이
다. 일어나 함께 가자."

그때 유다가 대제사장과 율법 학자들이
보낸 사람들을 데리고 왔어요.
유다는 미리 사람들과 이렇게

약속을 했어요.

"내가 입맞춤을 하는 사람이 바로 그 사람이에요. 그를 잡으세요."

그래서 유다는 계획한 대로 예수님에게 인사를 하고 입맞춤을 했어요. 그러자 사람들이 달려들어 예수님을 붙잡아 밧줄로 꽁꽁 묶었어요.

사람들은 예수님을 대제사장 가야바에게 끌고 갔어요. 가야바가 예수님에게 물었어요.

"당신이 하나님의 아들 그리스도인가? 하나님 앞에서 맹세할 수 있는가?"

"당신은 곧 내가 전능하신 하나님의 오른쪽에 앉아 있는 것과 하늘의 구름을 타고 오는 것을 보게 될 겁니다."

이 말에 대제사장은 화가 나서 옷을 찢으며 소리쳤어요.

"뭐라고? 감히 그런 말을 함부로 하다니! 여봐라, 내가 이 사람을 어떻게 하길 원하느냐?"

그러자 듣고 있던 사람들이 말했어요.

"당장 죽이는 것이 마땅해요. 사형시키십시오!"

그 후에 예수님은 총독인 빌라도 앞에 끌려갔어요.
이스라엘에서는 축제 기간 동안 사람들이 죄수의 이름을 외
치면, 총독이 그 죄수를 풀어 주곤 했어요. 그 당시 감옥에는 악

하기로 소문난 강도 '바라바'가 있었지요. 빌라도가 모인 사람들 앞에서 말했어요.

"어떤 죄수를 풀어 주겠느냐? 바라바냐, 아니면 그리스도라 불리는 예수냐?"

그러자 사람들이 대답했어요.

"바라바!"

"그렇다면 그리스도라 하는 예수는 어떻게 하길 원하느냐?"

"십자가에 못 박으십시오!"

결국 빌라도는 바라바를 풀어 주었어요. 사람들은 예수님을 채찍질하고 십자가에 못 박았어요.

Jesus' Betrayal and Trial

MATTHEW
26~27

Then Jesus went with them to a garden called Gethsemane and told his disciples, "Stay here while I go over there and pray." Taking along Peter and the two sons of Zebedee, he said, "Stay here and keep watch with me."

Going a little ahead, he fell on his face, praying, "My Father, if there is any way, get me out of this. But please, not what I want. You, what do you want?"

When he came back to his disciples, he found them sound asleep. He said to Peter, "Can't you stick it out with me a single hour?"

He then left them a second time. Again he prayed, "My Father, if there is no other way than this, I'm ready. Do it your way."

When he came back, he again found them sound asleep. This time he let them sleep on, and went back a third time to pray. When he came back the next time, he said, "My time is up, the Son of Man is about to be handed over to the hands of sinners. Get up! Let's get going!"

The words were barely out of his mouth when Judas showed up, and with him a gang from the high priests and religious leaders. Judas had worked out a sign with them: "The one I kiss, that's the one–grab him."

He went straight to Jesus, greeted him, and kissed him.

Then they came on him–grabbed him and roughed him up.

The gang that had grabbed Jesus led him before Caiaphas the Chief Priest. The Chief Priest said, "I command you by the authority of the living God to say if you are the Messiah, the Son of God."

Jesus answered: "You yourself said it. And that's not all. Soon you'll see it for yourself:

The Son of Man seated at the right hand of the Mighty One, Arriving on the clouds of heaven."

At that, the Chief Priest lost his temper, ripping his clothes, and yelling. They all said, "Death! That seals his death sentence."

Jesus was placed before Pilate, the governor, who questioned him: "Are you the 'King of the Jews'?"

Jesus said, "If you say so."

But when the accusations came from the high priests and religious leaders, he said nothing. Pilate asked him, "Aren't you going to say something?" Jesus kept silence—not a word from his mouth. The governor was impressed, really impressed.

It was an old custom during the Feast for the governor to pardon a single prisoner named by the crowd. At the time, they had the infamous Barabbas in prison. With the crowd before him, Pilate said, "Which prisoner do you want me to pardon: Barabbas, or Jesus the so-called Christ?"

They said, "Barabbas!"

"Then what do I do with Jesus, the so-called Christ?"

They all shouted, "Nail him to a cross!"

Then he pardoned Barabbas. But he had Jesus whipped, and then handed him over for crucifixion.

십자가에 못 박히신 예수님

사람들은 예수님을 끌고다 언덕으로 끌고 갔어요. 가다가 '시몬'이라는 구레네 사람을 만났지요. 사람들은 시몬이 십자가를 메고 예수님의 뒤를 따라

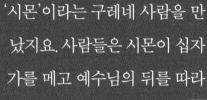

355

가게 했어요. 여자들은 슬피 울면서 따라갔지요. 다른 죄인 두 명도 예수님과 함께 골고다 언덕으로 가고 있었어요.

골고다 언덕에 도착하자 군인들은 예수님을 십자가에 못 박았어요. 그리고 죄인 한 명은 예수님의 오른쪽에, 다른 한 명은 왼쪽에 못 박았어요. 예수님이 기도하셨어요.

"하나님 아버지, 이 사람들을 용서해 주십시오. 이들은 자신이 무슨 일을 하고 있는지 모릅니다."

관리들은 예수님을 비웃었어요.

"이 자가 다른 사람들을 구원했다며? 어디 자기 자신도 구원할 수 있는지 한번 보자고!"

"네가 메시아라고? 하하! 선택받은 사람이라고? 웃기시네!"

예수님의 십자가 위에는 '유대인의 왕'이라고 쓰인 팻말이 붙어 있었어요.

예수님 옆에 못 박힌 죄인 한 명이 예수님을 저주했어요.

"당신이 메시아라고? 그렇다면 당신 자신이나 구해 봐! 우리도 좀 구원해 주고!"

그런데 다른 죄인이 그 말에 반대했어요.

"너는 하나님이 두렵지도 않냐? 우리는 벌을 받아 마땅하지만, 예수님은 아니야! 이분은 아무런 죄가 없으셔!"

그리고 나서 예수님에게 부탁을 했어요.

"예수님, 하나님 나라에 들어가실 때 저를 기억해 주세요."

예수님이 대답하셨어요.

"너는 오늘 나와 함께 천국으로 들어갈 것이다."

햇빛이 쨍쨍한 낮이 되었어요. 그런데 갑자기 하늘이 깜깜해지기 시작했어요. 사방이 완전히 새까맣게 어두워졌지요.

그때 예수님이 큰 소리로 외치셨어요.

"아버지, 나의 영혼을 아버지의 손에 맡깁니다!"

예수님은 마지막 숨을 내쉬고 돌아가셨어요.

골고다 언덕에서 예수님의 죽음을 본 모든 사람은 슬픔에 잠겨서 집으로 돌아갔어요.

유대인의 동네 아리마대에 '요셉'이라는 사람이 살았어요. 선한 마음과 좋은 성격을 가진 사람이었지요. 요셉은 예수님을 십자가에 못 박으려는 의회의 결정에 찬성하지 않았어요. 요셉은 빌라도에게 예수님의 시신을 내어 달라고 했어요. 그리고 새로 만든 돌무덤에 시신을 모셨지요. 이날은 안식일이 얼마 남지 않은 때였어요.

갈릴리에서부터 예수님을 따라 온 여자들이 무덤 안에 모셔진 예수님을 보았어요. 여자들은 향수와 기름을 가지러 돌아갔어요.

The Crucifixion

LUKE 23

As they led Jesus off, they made Simon, a man from Cyrene who happened to be coming in from the countryside, carry the cross behind Jesus. A huge crowd of people followed, along with women weeping and carrying on.

Two others, both criminals, were taken along with him for execution.

When they got to the place called Skull Hill, they crucified him, along with the criminals, one on his right, the other on his left.

Jesus prayed, "Father, forgive them; they don't know what they're doing."

The people stood there staring at Jesus, and the ringleaders made faces, teasing, "He saved others. Let's see him save himself! The Messiah of God–ha! The Chosen–ha!"

The soldiers also came up and poked fun at him, making a game of it: "So you're King of the Jews! Save yourself!"

Printed over him was a sign: This Is the King of the Jews.

One of the criminals hanging alongside cursed him: "Some Messiah you are! Save yourself! Save us!"

But the other one made him quiet down: "Have you no fear of God?

We deserve this, but not him—he did nothing to deserve this."

Then he said, "Jesus, remember me when you enter your kingdom."

He said, "Don't worry, I will. Today you will join me in paradise."

By now it was noon. The whole earth became dark, the darkness lasting three hours—a total blackout. Jesus called loudly, "Father, I place my life in your hands!" Then he breathed his last. When the captain there saw what happened, he honored God: "This man was innocent! A good man, and innocent!"

All who had come around to watch were overcome with grief and headed home. Those who knew Jesus well, along with the women who had followed him from Galilee, stood at a respectful distance and kept watch.

There was a man by the name of Joseph, a member of the Jewish High Council, a man of good heart and good character. He had not gone along with the plans and actions of the council. He went to Pilate and asked for the body of Jesus. Taking him down from the cross, he wrapped him in a linen covering and placed him in a tomb chiseled into the rock, a tomb never yet used. The Sabbath was just about to begin.

The women who had been companions of Jesus from Galilee followed along. They saw the tomb where Jesus' body was placed. Then they went back to prepare burial spices and perfumes. They rested quietly on the Sabbath, as commanded.

부활하신 예수님

새롭게 시작되는 한 주의 첫째 날이었어요. 막달라 마리아는 아침 일찍 예수님의 무덤에 갔어요. 그런데 무덤 문이 활짝 열려 있는 게 아니겠어요?

"맙소사! 무덤 문이 열려 있다니, 어떻게 된 일이지?"

막달라 마리아는 시몬 베드로와 예수님이 사랑하시던 또 다른 제자에게 헐레벌떡 달려가 말했어요.

"헉헉, 누가 무덤 문을 열고 예수님의 시신을 꺼내 갔어요! 도대체 어디로 가져갔는지 모르겠어요!"

이 말을 들은 베드로와 그 제자도 무덤으로 달려갔어요. 베드로부터 무덤 안으로 들어가 보았더니, 예수님의 몸을 감쌌

던 하얀 천만 남아 있었어요.

"정말 예수님의 시신이 없어졌잖아?"

제자들은 직접 두 눈으로 보고 나서야 예수님이 사라지신 것을 믿었어요. 그 후에 제자들은 집으로 돌아갔어요.

하지만 마리아는 돌아가지 않고 무덤 밖에서 울고 있었어요.

"흑흑, 도대체 누가 예수님의 시신을 가져간 걸까?"

마리아는 슬피 울면서 무덤 안으로 들어가 보았어요. 그런데 무덤 안에는 하얀 천사 두 명이 앉아 있었어요. 한 천사는 예수님이 누워 계셨던 머리 쪽에, 다른 한 천사는 발이 있던 쪽에 앉아 있었어요. 천사들이 마리아에게 물었어요.

"여인아, 왜 그렇게 슬피 울고 있느냐?"

"흑흑, 사람들이 예수님의 시신을 몰래 가져갔어요. 그런데 어디에 두었는지 도무지 모르겠어요."

마리아가 이 말을 하고 뒤를 돌아 본 순간, 그곳에 예수님이 서 계신 것이 아니겠어요? 그런데 마리아는 예수님을 알아보지 못했어요.

예수님이 마리아에
게 말씀하셨어요.

"여인아, 왜 울고
있느냐? 누구를 찾고
있느냐?"

"당신이 예수님의 시신을 가
져갔나요? 그렇다면 세발 어디에 두었는지 알려 주세요."

바로 그때 예수님이 마리아의 이름을 부르셨어요.

"마리아야!"

그때서야 예수님을 알아본 마리아가 깜짝 놀라며 대답했어요.

"예수님이셨군요!"

"형제들에게 가서 전하여라. 내가 내 아버지이자 너희의 아
버지이며, 나의 하나님 곧 너희의 하나님이신 분에게 올라간
다고 말이다."

그날 저녁에 제자들이 함께 모였어요. 유대 사람들이 들어올
까 무서워서 집에 있는 모든 문을 꽁꽁 잠가 두었지요. 그런데

예수님이 들어오셔서서 제자들 가운데 서시며 말씀하셨어요.

"평안이 함께하기를."

열두 제자 중 한 명인 도마는 예수님이 오셨을 때 그곳에 함께 있지 않았어요. 다른 제자들이 도마에게 말했어요.

"우리가 예수님을 만났어! 우리 앞에 나타나셨다고!"

"그래? 하지만 난 예수님의 손바닥에 난 못 자국과 상처 난

옆구리에 내 손을 넣어봐야 그 말을 믿을 수 있겠는걸? 안 그럼 도저히 못 믿겠어."

수일이 지난 후, 제자들이 다시 그 집에 모였어요. 이번에는 도마도 함께 있었지요. 지난번처럼 문이 잠겨 있었는데도 예수님이 안으로 들어오셨어요. 제자들 가운데 선 예수님이 말씀하셨어요.

"평안이 함께하기를."

그러고 나서 도마에게 말씀하셨어요.

"너의 손가락으로 내 손을 만져 보고 옆구리에도 넣어 보아라. 의심하지 않고 믿는 사람이 되어야 한단다."

그제야 도마가
대답했어요.

"오, 나의 주님!
나의 예수님!"

The Resurrection

Early in the morning on the first day of the week, while it was still dark, Mary Magdalene came to the tomb and saw that the stone was moved away from the entrance. She ran at once to Simon Peter and the other disciple, breathlessly panting, "They took the Master from the tomb. We don't know where they've put him."

Peter and the other disciple ran, neck and neck. The other disciple got to the tomb first, outrunning Peter. Stooping to look in, he saw the pieces of linen cloth lying there. Simon Peter arrived after him, entered the tomb, and observed the linen cloths lying there. Then the other disciple, the one who had gotten there first, went into the tomb, took one look at the linen cloths, and believed. The disciples then went back home.

But Mary stood outside the tomb weeping. As she wept, she knelt to look into the tomb and saw two angels sitting there, at the head and at the foot of where Jesus' body had been laid. They said to her, "Woman, why do you weep?"

"They took my Master," she said, "and I don't know where they put him." After she said this, she turned away and saw Jesus standing there. But she didn't recognize him.

Jesus spoke to her, "Woman, why do you weep? Who are you looking for?" She, thinking that he was the gardener, said, "Mister, if you took him, tell me where you put him so I can care for him."

Jesus said, "Mary."

Turning to face him, she said, "Teacher!"

Jesus said, "Go to my brothers and tell them, 'I ascend to my Father and your Father, my God and your God.'"

Later on that day, the disciples had gathered together, but, fearful of the Jews, had locked all the doors in the house. Jesus entered, stood among them, and said, "Peace to you."

But Thomas, one of the Twelve, was not with them when Jesus came. The other disciples told him, "We saw the Master."

But he said, "Unless I see the nail holes in his hands, put my finger in the nail holes, and stick my hand in his side, I won't believe it."

Eight days later, his disciples were again in the room. This time Thomas was with them. Jesus came through the locked doors, stood among them, and said, "Peace to you."

Then he focused his attention on Thomas. "Take your finger and examine my hands. Take your hand and stick it in my side. Don't be unbelieving. Believe."

Thomas said, "My Master! My God!"

Jesus said, "So, you believe because you've seen with your own eyes. Even better blessings are in store for those who believe without seeing."

사도행전 1장

천국에 가신 예수님

사도들은 성령을 통해 선택된 사람들이에요. 부활하신 예수님은 40일 동안 사도들에게 나타나셨어요. 그 뒤, 다시 하늘로 올라가셨지요. 예수님은 하나님 나라에 대해 자주 이야기하셨어요. 사도들과 함께 모였을 때, 다음과 같이 말씀하셨어요.

372

"예루살렘을 떠나지 말고 하나님 아버지가 약속하신 것을 기다려라. 그리하면 성령으로 세례를 받을 것이다. 그날이 얼마 남지 않았다."

예수님과 제자들이 마지막으로 함께 모인 날이었어요. 제자들이 예수님에게 물었어요.

"예수님, 지금 이스라엘에 하나님 나라를 다시 세워 주신 건가요? 시금이 그때인가요?"

"너희는 그때를 알 수 없단다. 오직 하나님만이 아시지. 성령을 받아라. 그리하면 주님의 권능으로 예루살렘과 온 유대와 사마리아와 땅끝에 이르기까지 나의 증인이 될 것이다."

예수님은 이렇게 말씀하시고 하늘로 점점 높이 올라가시더니 구름 속으로 사라지셨어요. 제자들은 신기하고 놀라워 멍하니 하늘만 처다보았어요. 그때 갑자기 하얀 옷을 입은 두 천사가 나타나 말했어요.

"갈릴리 사람들이여! 아무것도 없는 하늘을 왜 지켜보고 있느냐? 천국에 올라가신 예수님은 분명히 돌아오실 것이다. 떠나가신 모습 그대로 말이다."

Jesus goes to Heaven

This is the story of everything that Jesus began to do and teach until the day he said good-bye to the apostles, the ones he had chosen through the Holy Spirit, and was taken up to heaven. After his death, he presented himself alive to them in many different settings over a period of forty days. In face-to-face meetings, he talked to them about things concerning the kingdom of God. As they met and ate meals together, he told them that they were not to leave Jerusalem but

"wait for what the Father promised: you will be baptized in the Holy Spirit. And soon."

When they were together for the last time they asked, "Master, are you going to bring back the kingdom to Israel now? Is this the time?"

He told them, "You don't get to know the time. Timing is the Father's business. What you'll get is the Holy Spirit. And when the Holy Spirit comes on you, you will be able to be my witnesses in Jerusalem, all over Judea and Samaria, even to the ends of the world."

These were his last words. As they watched, he was taken up and disappeared in a cloud. They stood there, staring into the empty sky. Suddenly two men appeared–in white robes! They said, "You Galileans!–why do you just stand here looking up at an empty sky?

This very Jesus who was taken up from among you to heaven will come as certainly–and mysteriously–as he left."

So they left the mountain called Olives and returned to Jerusalem. It was a little over half a mile. They went to the upper room they had been using as a meeting place:
Peter, John, James, Andrew, Philip, Thomas, Bartholomew, Matthew, James, son of Alphaeus, Simon the Zealot, Judas, son of James.
They agreed they were in this for good, completely together in prayer, the women included. Also Jesus' mother, Mary, and his brothers.

오순절

오순절 축제가 다가왔어요. 예수님을 믿는 사람들이 모두 한자리에 모였어요. 그때 갑자기 하늘에서부터 강한 바람이 쌩쌩 부는 것 같은 소리가 들렸어요. 그런 뒤에 마치 번갯불처럼 번쩍 빛나는 것이 보였어요. 성령님이 사람들에게 임하신 것이에요. 사람들은 성령의 충만함을 받자 서로 다른 나라의 말을 하기 시작했어요.

신기한 광경에 당황한 사람들이 말했어요.

"이 사람들은 모두 갈릴리 사람이 아닌가? 그런데 어떻게 서로 다른 나라 말을 할 수 있지?"

"놀라워! 나는 다른 나라에서 왔어. 그런데 이 사람들이 우리 나라 말로 하나님의 큰 일을 말하고 있어!"

그러자 베드로가 나서서 말했어요.

"예루살렘을 찾아온 유대 형제 여러분! 제 말을 잘

들어 보세요. 이 일은 오래 전에 선지자 요엘이 예언했던 일이 에요. 그때 요엘은 하나님은 마지막 날에 하나님을 섬기는 자 들에게 성령을 내릴 것이고, 사람들은 예언을 할 것이라고 했 어요."

베드로가 계속해서 말했어요.

"여러분, 이 말을 새겨들으세요. 하나님이 우리에게 나사렛 예수님을 보내셨어요. 사람들은 예수님을 배신하고 십자가에 못 박아 죽였지요. 하나님은 죽음의 고통에서 예수님을 구하셨어요. 그래서 예수님은 다시 살아나셨어요. 여기에 있는 우리 모두가 그 증인이지요. 예수님은 하나님이 약속하신 성령님을 우리에게 보내 주셨지요. 지금 여러분이 보고 듣고 있는 이것이 바로 성령님의 강림이에요."

베드로의 이야기를 듣고 있던 사람들이 베드로와 다른 사도들에게 물었어요.

"형제들이여! 그렇다면 이제 우리가 어떻게 해야 하나요?"

베드로가 대답했어요.

"죄를 뉘우치고 여러분의 삶을 하나님에게 드리세요. 예수 그리스도의 이름으로 세례를 받고 죄를 용서 받으세요. 그렇게 하면 성령님을 선물로 받게 되어요."

Pentecost

When the Feast of Pentecost came, the believers were all together in one place. Without warning there was a sound like a strong wind— no one could tell where it came from. It filled the whole building. Then, like a wildfire, the Holy Spirit spread through the people, and they started speaking in a number of different languages as the Spirit prompted them.

There were many Jews staying in Jerusalem just then, devout pilgrims from all over the world. When they heard the sound, they came on the run. Then when they heard, one after another, their own mother tongues being spoken, they were amazed. They couldn't for the life of them figure out what was going on, and kept saying, "Aren't these all Galileans? How come we're hearing them talk in our various mother tongues?"

"They're speaking our languages, describing God's mighty works!"

"What's going on here?"

That's when Peter stood up and, backed by the other eleven, spoke out with bold urgency: "Fellow Jews, all of you who are visiting Jerusalem, listen carefully and get this story straight. This is what the prophet Joel announced would happen:

'In the Last Days.' God says, 'I'll pour out my Spirit on those who serve me, men and women both, and they'll prophesy.'

Fellow Israelites, listen carefully to these words: Jesus the Nazarene, a man sent by God to you, was betrayed by men who took the law into their own hands, and was handed over to you. And you pinned him to a cross and killed him. But God untied the death ropes and raised him up. Death was no match for him. This Jesus, God raised up. And every one of us here is a witness to it. Then, receiving the promise of the Holy Spirit from the Father, he poured out the Spirit he had just received. That is what you see and hear.

All Israel, then, know this: There's no longer room for doubt—God made him Master and Messiah, this Jesus whom you killed on a cross."

Those who were there listening asked Peter and the other apostles, "Brothers! Brothers! So now what do we do?"

Peter said, "Change your life. Turn to God and be baptized, each of you, in the name of Jesus Christ, so your sins are forgiven. Receive the gift of the Holy Spirit."

That day about three thousand took him at his word, were baptized and were signed up. And all the believers lived in wonderful harmony, holding everything in common.

They followed a daily discipline of worship in the Temple followed by meals at home, every meal a celebration, exuberant and joyful, as they praised God. People in general liked what they saw. Every day their number grew as God added those who were saved.

아픈 사람을 치료한 베드로와 요한

베드로와 요한이 성전으로 가고 있었어요. 그때 성전 문 앞에 걷지 못하는 한 사람이 있었어요. 그 사람은 태어날 때부터 걸을 수가 없었어요. 그래서 매일 성전 문 앞에 앉아 지나가는 사람들에게 구걸을 했어요.

베드로가 그 사람에게 말했어요.

"형제여, 우리를 보아라."

그러자 그 사람이 베드로를 올려다보았어요. 베드로가 자신에게 무언가를 줄 거라고 생각했지요.

"나는 가진 것이 없단다. 금과 은 같은 것은 내게 없지만 이것은 당신에게 줄 수 있단다. 나사렛 예수 그리스도의 이름으로 일어나 걸으라!"

베드로는 이렇게 외치며 그 사람의 오른손을 잡아 일으켰어요. 그러자 걷지 못하던 그 사람의 다리와 발목에 힘이 생기면서 그가 벌떡 일어나 걸을 수 있게 되었지요.

그는 베드로와 요한과 함께 성전으로 들어갔어요. 성큼성큼 걷기도 하고 펄쩍펄쩍 뛰기도 하며 하나님을 찬양했어요.

"어떻게 이런 일이! 단 한 번도 걸어 본 적 없는 내가 이렇게 걷고 뛸 수 있다니! 오, 주님 감사합니다! 이런 기적을 일으키신

주님을 찬양합니다!"

모든 사람이 그가 걸어 다니며 하나님을 찬양하는 것을 보았
어요.

"세상에! 저 사람은 성전 문 앞에서 구걸하던 사람이 아니냐?

평생 걷지 못하던 사람이 갑자기 걷다니, 어떻게 된 일이지?"

다들 눈을 비비며 자신들이 보고 있는 광경을 믿지 못했어요. 걸을 수 있게 된 그 사람은 기뻐하며 베드로와 요한을 껴안았어요. 모든 사람이 이 놀라운 일을 보기 위해 모였어요.

베드로는 사람들에게 이야기했어요.

"여러분! 이 일이 놀랍나요? 나와 요한의 힘이 이 사람을 걷게 한 것 같나요? 이것은 우리의 힘이 아니에요. 예수님의 이름을 믿는 믿음이 이 사람을 일으켜 세운 것이지요. 보시다시피 예전에 이 사람은 걸을 수 없었지만, 이제 걸을 수 있어요. 오직 믿음으로 완전히 나아서 걸을 수 있게 된 것이지요."

Peter and John Heal

One day at three o'clock in the afternoon, Peter and John were on their way into the Temple for a prayer meeting. At the same time there was a man crippled from birth being carried up. Every day he was set down at the Temple gate, the one named Beautiful, to beg from those going into the Temple. When he saw Peter and John about to enter the Temple, he asked for a handout.

Peter, with John at his side, looked him straight in the eye and said, "Look here." He looked up, expecting to get something from them.
Peter said, "I don't have a nickel to my name, but what I do have, I give you: In the name of Jesus Christ of Nazareth, walk!" He grabbed him by the right hand and pulled him up. In an instant his feet and ankles became firm. He jumped to his feet and walked.

The man went into the Temple with them, walking back and forth, dancing and praising God. Everybody there saw him walking around and praising God. They recognized him as the one who sat begging at the Temple's Gate Beautiful and rubbed their eyes, astonished, scarcely believing what they were seeing.
The man threw his arms around Peter and John. All the people ran up

to where they were at Solomon's Porch to see it for themselves.

When Peter saw he had a congregation, he addressed the people:

"Oh, Israelites, why does this take you by such complete surprise, and why stare at us as if our power made him walk? The God of Abraham and Isaac and Jacob, the God of our ancestors, has glorified his Son Jesus. Faith in Jesus' name put this man, whose condition you know so well, on his feet—yes, faith and nothing but faith put this man healed and whole right before your eyes."

다메섹으로 간 사울

    사울은 예수님의 제자들을 죽이려고 안달이 나 있었지요. 사울은 대제사장에게 가서 다메섹에 있는 회당에 가지고 갈 편지를 써 달라고 했어요. 그곳에 가서 예수님을 따르는 사람들을 찾으면, 남자든 여자든 모두 붙잡아서 예루살렘으로 데리고 올 생각이었어요.

    사울은 길을 떠났어요. 그런데 다메섹에 가까이 갔을 때, 눈을 멀게 할 정도로 환한 빛이 사울을 비추었어요. 사울은 눈을 뜨지 못하고 바닥에 털썩 엎드렸어요. 그때 어떤 목소리가 들려왔어요.

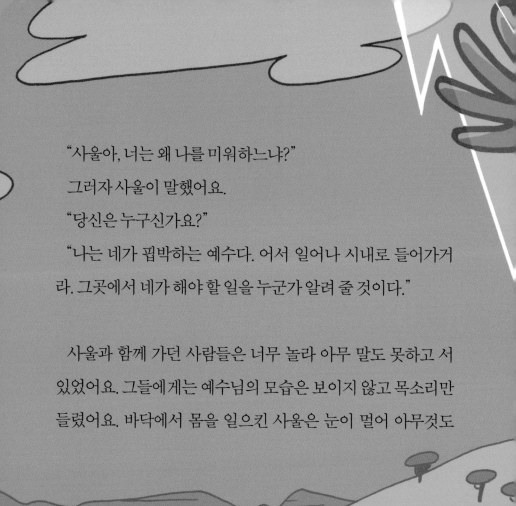

"사울아, 너는 왜 나를 미워하느냐?"

그러자 사울이 말했어요.

"당신은 누구신가요?"

"나는 네가 핍박하는 예수다. 어서 일어나 시내로 들어가거라. 그곳에서 네가 해야 할 일을 누군가 알려 줄 것이다."

사울과 함께 가던 사람들은 너무 놀라 아무 말도 못하고 서 있었어요. 그들에게는 예수님의 모습은 보이지 않고 목소리만 들렸어요. 바닥에서 몸을 일으킨 사울은 눈이 멀어 아무것도

볼 수 없었어요. 사람들이 사울을 부축해 다메섹으로 데려갔어요. 사울은 삼일 동안 눈이 보이지 않았어요. 그리고 아무것도 먹지도 마시지도 않았어요.

다메섹에 '아나니아'라는 사도가 있었어요. 예수님이 아나니아에게 환상 중에 나타나셨어요.

"아나니아야!"

"네, 주님!"

"일어나 유다의 집에 가서 다소에서 온 사람을 찾아라. 그의 이름은 사울이며, 그 집에서 기도를 하고 있을 것이다."

그러자 아나니아가 깜짝 놀라 이야기했어요.

"주님, 모두 그 사람에 대해 이야기하고 있어요. 그 사람은 끔찍한 일들을 저지르는 사람이에요. 이곳에 대제사장의 편지를 들고 와서 우리를 잡아가려 한다고요!"

"어서 가거라. 나는 이미 사울을 선택했단다. 그는 이방인과 유대의 자손들에게 나의 이름을 전할 것이다."

아나니아는 사울이 머물고 있는 집을 찾아갔어요. 앞이 보이지 않는 사울의 머리에 손을 올리고 말했지요.

"사울 형제여, 주님이 저를 이곳으로 보내셨어요. 당신이 오는 길에 만났던 분은 바로 예수님입니다. 그분이 당신을 다시 볼 수 있게 하고, 당신의 마음을 성령으로 충만하게 하신다고 하셨어요."

아나니아의 말이 끝나자마자 사울의 눈에서 비늘 같은 것이 뚝뚝 떨어졌어요. 그러자 사울은 다시 앞을 볼 수 있게 되었지요. 사울은 무릎을 꿇고 세례를 받았어요.

사울은 다메섹에 있는 사도들과 며칠 동안 같이 지냈어요. 그 후에 망설이지 않고 바로 회당으로 갔어요. 그리고 예수님이 하나님의 아들이라는 내용으로 설교를 하기 시작했어요. 예수님을 믿는 사람들을 죽이려던 사울은 이제 변해서 새사람이 되었어요.

Saul on the Road to Damascus

All this time Saul, an enemy of the believers, was breathing down the necks of the Master's disciples, out for the kill. He went to the Chief Priest and got arrest warrants to take to the meeting places in Damascus so that if he found anyone there belonging to the Way, whether men or women, he could arrest them and bring them to Jerusalem.

He set off. When he got to the outskirts of Damascus, he was suddenly dazed by a blinding flash of light. As he fell to the ground, he heard a voice: "Saul, Saul, why are you out to get me?"

He said, "Who are you, Master?"

"I am Jesus, the One you're hunting down. I want you to get up and enter the city. In the city you'll be told what to do next."

His companions stood there dumbstruck–they could hear the sound, but couldn't see anyone–while Saul, picking himself up off the ground, found himself blind. They had to take him by the hand and lead him into Damascus. He continued blind for three days. He ate nothing, drank nothing.

There was a disciple in Damascus by the name of Ananias. The Master spoke to him in a vision: "Ananias."

"Yes, Master?" he answered.

"Get up and go over to Straight Avenue. Ask at the house of Judas for a man from Tarsus. His name is Saul. He's there praying. He has just had a dream in which he saw a man named Ananias enter the house and lay hands on him so he could see again."

Ananias protested, "Master, you can't be serious. Everybody's talking about this man and the terrible things he's been doing! And now he's shown up here with papers from the Chief Priest that give him license to do the same to us."

But the Master said, "Don't argue. Go! I have picked him as my personal representative to Gentiles and kings and Jews."

So Ananias went and found the house, placed his hands on blind Saul, and said, "Brother Saul, the Master sent me, the same Jesus you saw on your way here. He sent me so you could see again and be filled with the Holy Spirit." No sooner were the words out of his mouth than something like scales fell from Saul's eyes—he could see again! He got to his feet, was baptized, and sat down with them to a hearty meal.

Saul spent a few days getting acquainted with the Damascus disciples, but then went right to work, wasting no time, preaching in the meeting places that this Jesus was the Son of God.

감옥에서 풀려난 베드로

이스라엘의 헤롯 왕은 교회 사람들 중에 몇 명을 죽이려고 했어요. 그래서 베드로를 붙잡아 감옥에 넣었지요. 헤롯 왕은 유월절이 지나면 베드로를 죽일 생각이었어요.

베드로를 죽이기로 한 날이 다가왔어요. 그 전날 밤에 베드로는 쇠사슬에 묶인 채 두 군인 사이에서 자고 있었어요. 그때 갑자기 베드로 앞에 한 천사가 나타났어요. 감옥 안이 빛으로 환해졌어요. 천사는 베드로를 흔들어 깨웠어요.

"어서 일어나세요!"

그러자 베드로의 손목을 묶은 쇠사슬이 스르륵 풀렸어요. 천

사가 말했어요.

"옷을 입으세요. 신발도 신고요. 그리고 나를 따라오세요."

베드로는 얼른 옷을 입고 신발을 신었어요. 그리고 천사를 따라갔지요. 정말 천사가 온 건지 믿을 수가 없었어요. 자신이 꿈을 꾸고 있다고 생각했지요.

베드로와 친사는 거리로 통하는 철문으로 갔어요. 그러자 철문이 '덜커덩' 하고 저절로 열렸어요. 거리로 나오자 천사는 곧 떠나갔어요. 베드로는 자신이 꿈을 꾸는 게 아니라는 사실을 깨달았지요.

"믿을 수 없어. 이런 일이 정말로 일어나다니! 주님이 천사를 보내셔서 나를 헤롯 왕과 유대 백성으로부터 구하셨구나!"

여전히 놀라움에 가득 차 있던 베드로는 요한의 어머니 마리아의 집으로 갔어요. 마리아의 집은 기도하는 사람들로 가득했어요. 문을 열기 위해 나왔던 여자아이가 베드로를 보자 너무 기쁜 나머지 문도 열지 않고 안으로 달려 들어가 사람들에게 말했어요.

"베드로가 왔어요! 지금 대문 밖에 서 계세요!"

하지만 사람들은 믿지 않았어요.

"말도 안 되는 소리하지 말거라. 베드로는 지금 감옥에 갇혀 있단다."

"진짜예요! 제가 그분의 목소리를 똑똑히 들었어요!"

"그럼 베드로가 아니라 천사겠지."

마침내 사람들은 문을 열고 베드로를 보았어요. 모두 다 깜짝 놀라서 눈이 휘둥그레졌어요. 베드로는 그들에게 예수님이 자기를 어떻게 감옥에서 꺼내 주셨는지 설명해 주었어요.

Peter is Freed from Jail

ACTS 12

The ruler of Israel, King Herod, got it into his head to go after some of the church members. He arrested Peter and had him thrown in jail, putting four squads of four soldiers each to guard him. He was planning to kill Peter after Passover.

All the time that Peter was under heavy guard in the jailhouse, the church prayed for him continuously.

Then the time came for Herod to complete his plan to kill Peter. That night, even though shackled to two soldiers, one on either side, Peter slept like a baby. And there were guards at the door keeping their eyes on the place. Herod was taking no chances!

Suddenly there was an angel at Peter's side and light flooding the room. The angel shook Peter and got him up: "Hurry!" The handcuffs fell off his wrists. The angel said, "Get dressed. Put on your shoes." Peter did it. Then, "Grab your coat and let's get out of here." Peter followed him, but didn't believe it was really an angel–he thought he was dreaming.

Past the first guard and then the second, they came to the iron gate that led into the city. It swung open before them on its own, and they were out on the street, free as the breeze. That's when Peter realized it was no dream. "I can't believe it–this really happened! The Master sent his angel and rescued me from Herod and the Jewish mob."

Still shaking his head, amazed, he went to Mary's house, the Mary who was John Mark's mother. The house was packed with praying friends. When he knocked on the door to the courtyard, a young woman named Rhoda came to see who it was. But when she recognized his voice–Peter's voice!–she was so excited and eager to tell everyone Peter was there that she forgot to open the door and left him standing in the street.

But they wouldn't believe her. "You're crazy," they said. She stuck by her story, insisting. They still wouldn't believe her and said, "It must be his angel." All this time poor Peter was standing out in the street, knocking away.

Finally they opened up and saw him–and went wild! Peter put his hands up and calmed them down. He described how the Master had gotten him out of jail.

기독교인이 된 간수

어느 날, 바울과 실라가 기도하는 곳으로 가고 있었어요. 그 때 사람들에게 점을 쳐주는 여자가 바울을 따라오면서 소리쳤 어요.

"이 사람들은 가장 높으신 하나님을 섬기고 있구나!"

여자는 며칠 동안 바울을 쫓아다니며 귀찮게 했어요. 마침내 바울은 여자를 향해 돌아서서 여자 안에 숨어 있는 귀신에게 명령했어요.

"귀신아, 어서 나가라! 내가 예수 그리스도의 이름으로 명령 한다. 당장 이 여자에게서 나가라!"

그러자 바울의 말대로 귀신이 여자의 몸에서 나갔어요.

그런데 이 여자 노예의 주인들은 매우 화가 났어요.

"이제 더 이상 점을 칠 수 없으니 우리가 큰돈을 벌 수 없잖아! 어서 가서 그 놈들을 붙잡아 오자!"

그들은 씩씩거리며 바울과 실라를 붙잡아 마을 광장으로 끌고 갔어요. 관리들은 바울과 실라를 체포해 법정으로 데려갔어요. 곧 판사들이 판결을 내렸어요.

"이 두 사람의 옷을 찢어 벗기고 매를 때리시오."

사람들은 바울과 실라를 온 몸에 멍이 들 때까지 때린 뒤 감옥에 집어넣었어요.

한밤중이 되었어요. 바울과 실라는 감옥 안에서 하나님께 기도를 드리고 찬송을 불렀어요. 바로 그때였어요.

"우르르 콰쾅!"

갑자기 큰 소리가 나며 땅이
흔들렸어요. 마치 지진이
일어난 것처럼 감옥이 움
직였어요. 그리고 모든 감
옥의 문이 활짝 열렸어요.
깜짝 놀라 잠에서 깨어난 간수
는 감옥의 문이 열려 있는 것을 보았어
요. 모든 죄수가 사슬이 풀린 채 도망간 줄 알고 칼로 자신을 찌
르려고 했어요. 그러자 바울이 간수를 말렸어요.

"그러지 마시오! 우리는 아무도 도망가지 않았소!"

간수는 무서워서 벌벌 떨며 바울과 실라 앞에 엎드렸지요.
그리고 바울과 실라를 감옥 밖으로 데리고 나왔어요.

"선생님, 제가 어떻게 해야 구원을 받을 수 있나요?"

간수가 묻자 바울과 실라가 대답했어요.

"주님이신 예수님을 온전히 믿으라. 그러면 너와 가족 모두
가 구원을 받을 것이다."

바울과 실라는 간수의 집으로 갔어요. 그의 가족 모두에게 예수님의 이야기를 전해 주었지요. 그날 밤 간수는 바울과 실라가 편히 쉴 수 있게 해 주었어요. 상처도 치료해 주었지요. 그리고 온 가족이 다 세례를 받았어요. 잔치를 열어 모든 사람이 서로를 축하해 주었어요.

The Jailer becomes a Christian

ACTS 16

One day, on the way to the place of prayer, a slave girl ran into Paul and Silas. She was a fortuneteller and made a lot of money for the people who owned her. She started following Paul around, calling everyone's attention to him by yelling out, "These men are working for the Most High God." She did this for a number of days until Paul, finally fed up with her, turned and commanded the spirit that possessed her, "Out! In the name of Jesus Christ, get out of her!" And it was gone, just like that.

When her owners saw that their fortunetelling business was suddenly gone, they went after Paul and Silas, roughed them up and dragged them into the market square. Then the police arrested them and pulled them into a court.

The judges had Paul and Silas's clothes ripped off and ordered a public beating. After beating them black-and-blue, they threw them into jail, telling the jailkeeper to put them under heavy guard so there would be no chance of escape.

Along about midnight, Paul and Silas were at prayer and singing a robust hymn to God. The other prisoners couldn't believe their ears.

Then, without warning, a huge earthquake! The jailhouse tottered, every door flew open, all the prisoners were loose.

Startled from sleep, the jailer saw all the doors swinging loose on their hinges. Assuming that all the prisoners had escaped, he pulled out his sword and was about to do himself in, when Paul stopped him: "Don't do that! We're all still here! Nobody's run away!"

The jailer got a torch and ran inside. Badly shaken, he collapsed in front of Paul and Silas. He led them out of the jail and asked, "Sirs, what do I have to do to be saved, to really live?" They said, "Put your entire trust in the Master Jesus. Then you'll live as you were meant to live–and everyone in your house included!"

They went on to spell out in detail the story of the Master–the entire family got in on this part. They never did get to bed that night. The jailer made them feel at home, dressed their wounds, and then–he couldn't wait till morning!–was baptized, he and everyone in his family. There in his home, he had food set out for a festive meal. It was a night to remember: He and his entire family had put their trust in God; everyone in the house was in on the celebration.

그중에 제일은 사랑

우리가 아름다운 말로 천사의 기쁨을 노래하더라도 사랑이 없으면 아무것도 아니에요.

우리가 뛰어난 능력으로 하나님이 일으키시는 기적과 하나님이 하시는 일에 대한 말씀을 전하더라도 사랑이 없으면 아무것도 아니에요.

우리가 산을 옮길 만한 믿음이 있더라도 사랑이 없으면 아무

것도 아니에요.

우리가 가진 재산을 모두 가난한 사람에게 주고, 믿음을 지키기 위해 죽음을 맞더라도 사랑이 없으면 아무것도 아니에요.

사랑은 언제나 오래 참아요.

사랑은 온화하고 친절해요.

사랑은 다른 사람을 질투하지 않아요.

사랑은 자랑하지 않아요.

사랑은 잘난 척하지 않아요.

사랑은 "내가 먼저야!"라는 말을 하지 않아요.

사랑은 자기 이익만 생각하지 않아요.

사랑은 쉽게 화내지 않아요.

사랑은 다른 사람의 잘못을
기억하지 않아요.

사랑은 옳지 않은 일에 기뻐
하지 않고, 진리와 함께 기뻐해요.

사랑은 모든 것을 덮어 주어요.

모든 것을 믿어요.

모든 것을 소망해요.

모든 것을 견뎌 낼 수 있어요.

사랑은 영원해요. 예언과 방언은 있다가도 없고, 지식도 사라져요. 우리는 진실의 작은 부분만 알고 있을 뿐이에요. 아직은 모든 것을 다 알 수 없지요. 지금은 마치 안개 속에서 눈을 가늘게 뜨고 보는 것과 같거든요. 이제 곧 하나님이 우리를 아시듯 우리도 하나님을 알 수 있어요! 그때가 오기 전에 해야 할 일이 있어요. 하나님을 향한 믿음을 가지세요. 흔들리지 않는 소망을 가지세요. 그리고 사랑을 듬뿍 베푸세요. 그러나 믿음, 소망, 사랑 가운데 가장 위대한 것은 사랑이에요.

Love is the Best

CORINTHIANS
13

If I speak with beautiful words and the joy of angels but don't love, I'm nothing but the creaking of a rusty gate.

If I speak God's Word with power, revealing all his mysteries and making everything plain as day, and if I have faith that says to a mountain, "Jump," and it jumps, but I don't love, I'm nothing.
If I give everything I own to the poor and even go to the stake to be burned as a martyr, but I don't love, I've gotten nowhere. So, no matter what I say, what I believe, and what I do, I'm penniless without love.

Love never gives up.
Love cares more for others than for self.
Love doesn't want what it doesn't have.
Love doesn't strut,
Doesn't have a swelled head,
Doesn't force itself on others,
Isn't always "me first,"
Doesn't fly off the handle,
Doesn't keep score of the sins of others,
Doesn't celebrate when others are down,

Takes pleasure in the revelation of truth,
Puts up with anything,
Trusts God always,
Always looks for the best,
Never looks back,
But keeps going to the end.

Love never dies. We know only a portion of the truth, and what we say about God is always incomplete.

We don't yet see things clearly. We're squinting in a fog, peering through a mist. But it won't be long before the weather clears and the sun shines bright! We'll see it all then, see it all as clearly as God sees us, knowing him directly just as he knows us!

But for right now, until that time, we have three things to do: Trust steadily in God, hope unswervingly, love extravagantly. And the best of the three is love.

자신을 낮추기

예수님을 믿으므로 서로 한마음으로 사랑을 나누고 한뜻을 가지세요. 무슨 일을 하든지 이기적이거나 교만한 마음을 갖지 마세요. 겸손한 마음으로 여러분보다 다른 사람을 더 존중해 주세요. 또한 여러분이 할 일을 열심히 하면서 다른 사람이 하는 일도 도와주세요. 그렇게 하면 마음속에 기쁨이 샘물처럼 펑펑 솟아날 거예요.

예수님처럼 생각하려고 노력하세요. 예수님은 하나님과 똑같이 높은 분이셨지만, 하나님이 주신 특별한 권리를 누리지 않고 낮은 자리를 선택하셨어요. 예수님은 사람의 모습으로

이 땅에 태어나셨어요. 이런 것이 바로 자신을 낮추는 일이에요. 그리고 예수님은 십자가에 못 박혀 돌아가실 때까지 하나님에게 순종하는 삶을 사셨어요.

이처럼 예수님이 순종하셨기 때문에 하나님은 예수님을 구원하시고, 최고로 높은 자리에 올려 주셨어요. 하늘과 땅에 살고 있는 모든 생명이 예수님 앞에 무릎을 꿇고 경배하게 하셨어요. 모두가 예수님이 주님이심을 소리 높여 찬양하게 하셨어요.

Humble Yourself

If you've gotten anything at all out of following Christ, if his love has made any difference in your life, if being in a community of the Spirit means anything to you, if you have a heart, if you care–then do me a favor: Agree with each other, love each other, be deep-spirited friends. Don't push your way to the front; don't sweet-talk your way to the top. Put yourself aside, and help others get ahead. Don't be obsessed with getting your own way. Forget yourselves long enough to lend a helping hand.

Think of yourselves the way Christ Jesus thought of himself. He had equal status with God but didn't think so much of himself that he had to cling to the advantages of that status no matter what. Not at all. When the time came, he set aside the privileges of being God and took on the status of a slave, became human! Having become human, he stayed human. It was an incredibly humbling process. He didn't claim special privileges. Instead, he lived a selfless, obedient life and then died a selfless, obedient death–and the worst kind of death at that: a crucifixion.

Because of that obedience, God lifted him high and honored him far beyond anyone or anything, ever, so that all created beings in heaven and on earth–even those long ago dead and buried–will bow in worship before this Jesus Christ, and call out in praise that he is the Master of all, to the glorious honor of God the Father.

천국

요한은 예수님의 제자요, 사도예요. 천사가 요한에게 신기한 환상을 보여 주었어요. 원래 있던 하늘과 땅이 없어졌고, 바다도 사라져 버렸어요. 또 거룩한 성인 예루살렘이 하나님이 계신 하늘에서 내려오는 것을 보았어요.

어찌나 아름다운지 신랑을 위해 예쁘게 꾸민 신부의 모습

437

같았지요. 그때 요한은 하늘에서 들리는 커다란 음성을 들었어요. 마치 천둥소리 같았지요.

"보라! 보라! 하나님이 땅으로 내려오셨다. 하나님이 너희와 함께하신다! 이제 모두가 하나님의 백성이요, 하나님은 그들과 함께 계실 것이다."

천사 하나가 요한에게 다가와 말했어요.

"이리 오거라. 너에게 어린 양의 아내가 될 신부를 보여 주겠다."

천사는 요한을 데리고 크고 높은 산으로 올라갔어요. 천사는 요한에게 하나님이 계신 하늘에서 내려오는 거룩한 예루살렘 성을 보여 주었어요.

예루살렘 성은 귀한 보석처럼 반짝거리며 수정처럼 맑게 빛나고 있었어요. 거대하고 높은 성벽과 열두 개의 문이 있었어요. 모든 문 앞에는 천사가 서 있었지요. 성벽은 벽옥으로 쌓았고, 성 전체가 유리처럼 깨끗한 순금으로 되어 있었어요. 기둥 밑의 돌들은 온갖 보석으로 아름답게 장식되어 있었어요. 열두 개의 문은 큰 진주로 만들어져 있었어요. 성문 하나하나가

진주였어요.

성 안에 있는 길은 유리처럼 맑은 순금으로 되어 있었어요. 그러나 요한은 그곳에서 성전을 볼 수 없었어요. 전능하신 하나님과 어린 양이 바로 성전이시기 때문이에요. 또한 그 성에는 해와 달이 필요 없었어요. 하나님의 영광이 밝게 비치고, 어린 양이 그 성의 등불이 되기 때문이에요. 예루살렘의 성문은 하루 종일 닫히지 않아요. 거기에는 밤이 없어요. 깨끗하지 못하고 부끄러운 행동이나 거짓말 하는 사람은 결코 예루살렘에 들어올 수 없어요. 오직 어린 양의 생명책에 이름이 적혀 있는 사람들만 예루살렘에 들어올 수 있어요.

이번에는 천사가 요한에게 생명수가 흐르는 강을 보여 주었어요. 강은 수정같이 맑게 빛났어요. 강물은 하나님과 어린 양의 자리에서 흘러나와 예루살렘의 거리 한가운데로 흘러갔어요. 강 양쪽에는 생명 나무가 서 있었어요. 열두 가지의 열매가 맺히는 나무였어요. 달마다 새로운 열매가 주렁주렁 열리는 나무였지요.

하나님과 어린 양의 자리가 그 가운데에 있을 거예요. 그 종들은 하나님의 얼굴을 볼 것이고, 하나님의 이름이 그들의 이마에 새겨질 거예요. 이제는 더 이상 밤이 없어요. 등불이나 햇빛도 필요 없어요. 주 하나님이 빛이 되실 거예요. 그들은 하나님과 함께 영원히 왕처럼 살게 될 거예요.

Heaven

John, one of Jesus' disciples, received this vision from an angel: I saw Heaven and earth new-created. Gone the first Heaven, gone the first earth, gone the sea.

I saw Holy Jerusalem, new-created, descending out of Heaven, as ready for God as a bride for her husband.

I heard a voice thunder from the Throne: "Look! Look! God has moved into the neighborhood, making his home with men and women! They're his people, he's their God. He'll wipe every tear from their eyes. Death is gone for good–tears gone, crying gone, pain gone–all the first order of things gone."

One of the Seven Angels spoke to me: "Come here. I'll show you the Bride, the Wife of the Lamb." He took me away in the Spirit to an enormous, high mountain and showed me Holy Jerusalem descending out of Heaven from God.

The City shimmered like a precious gem, light-filled, pulsing light. She had a wall majestic and high with twelve gates. At each gate stood an Angel.

The wall was jasper, the color of Glory, and the City was pure gold, clear as glass. The foundations of the City walls were garnished with every precious gem imaginable. The twelve gates were twelve pearls, each gate a single pearl.

The main street of the City was pure gold, clear as glass. But there was no sign of a Temple, for the Lord God–the Sovereign-Strong–and the Lamb are the Temple. The City doesn't need sun or moon for light. God's Glory is its light, the Lamb its lamp! Its gates will never be shut by day, and there won't be any night. They'll bring the glory and honor of the nations into the City. Nothing and no one dirty will get into the City. Only those whose names are written in the Lamb's Book of Life will get in.

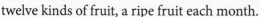

Then the Angel showed me Water-of-Life River, crystal bright. It flowed from the Throne of God and the Lamb, right down the middle of the street. The Tree of Life was planted on each side of the River, producing twelve kinds of fruit, a ripe fruit each month.

The Throne of God and of the Lamb is at the center. His servants will offer God service–worshiping, they'll look on his face, their foreheads mirroring God. Never again will there be any night. No one will need lamplight or sunlight. The shining of God, the Master, is all the light anyone needs. And they will rule with him age after age after age.